PETITS ROMANS

D'HIER ET D'AUJOURD'HUI

Il a été tiré cinquante exemplaires sur papier vergé, du prix de 6 francs.

JULES JANIN

PETITS ROMANS
D'HIER ET D'AUJOURD'HUI

*Socratique gregis fuit hæc sapientia quondam
Scire nihil.*

Et Socrate et les siens disaient : On ne sait rien.

PARIS

A. SAUTON, LIBRAIRE-ÉDITEUR

8, RUE DES SAINTS-PÈRES, AU PREMIER

—

1869

LE REVENANT

Ce petit conte est dédié, en souvenir d'une amitié fidèle et charmante, à notre aimable voisin le Père Moore, le digne ami des jeunes habitants de la villa Médicis, à Rome, et le Mécène des artistes de vingt ans!

Jules Janin.

Passy, janvier 1868.

LE REVENANT

Il y avait naguère encore, sur les hauteurs de Montmartre, un petit clos de huit à dix mille mètres, tout autant, que le soleil éclairait de ses premiers feux, et qui dominait la ville entière. La position était charmante, à tel point qu'elle ne convenait qu'à des artistes, à des poëtes, à des rêveurs, aux bonnes gens retirés du monde et contents de l'heure présente. Il fallait monter longtemps pour atteindre le *clos Champenois*. C'était le nom de notre oasis, toute remplie d'un vignoble comparable aux meilleures positions de Suresnes et d'Argenteuil. On eût fait volontiers, dans le clos Champenois, bon an mal an, une pièce de vin qui ne demandait qu'à petiller dans les verres; mais les fillettes et les rapins, race affamée et malfaisante, y mettaient bon ordre, et disputaient régulièrement aux moineaux du voisinage une si belle vendange. Ah! c'était un bel endroit de travail, de plaisir, de fête et de chansons!

Il appartenait, au moment où commence cette histoire, à l'un des jeunes gens les plus heureux de son siècle. Il avait tout au plus vingt-cinq ans; les yeux noirs, les cheveux noirs, le teint mat, il était beau de cette beauté sombre et voisine du roman qui ne déplaît ni à la grisette ni à la marquise. Enfin, pour tout dire, un véritable artiste, et mieux encore, dans l'estime et dans l'étonnement du bourgeois de Paris, il était le propriétaire sans hypothèques du clos Champenois, qu'il avait eu à fort bon marché. Lui-même, à ses frais, il s'était construit un vaste atelier à la double exposition du nord et du midi. L'an passé, il avait obtenu la médaille d'or; il n'y avait pas six mois qu'il était chevalier de la Légion d'honneur. A chaque exposition, ses tableaux étaient enlevés par un acheteur mystérieux, qui les payait sans marchander. Sa dernière œuvre, à la façon turbulente du Casanova des batailles, représentait un vrai massacre, un pêle-mêle affreux de Polonais égorgés par les Russes, d'enfants tués à coups de hache, de jeunes femmes traitées à feu et à sang, pendant que les jeunes filles tendent en vain à la mort une main suppliante.

La foule, avide et curieuse du spectacle gratis, s'était portée à ce mélodrame abominable qui sanglotait tout le long du jour dans le grand salon du Louvre; mais les gens de goût, tout en reconnaissant la fièvre et la main d'un maître sur cette toile abondante en lamentations :

« Ma foi, se disaient ils, c'est peut-être une belle œuvre, elle n'ira pas dans nos maisons. Nous n'avons pas besoin d'être attristés. »

Ils disaient vrai. Tel tableau qui convient à quelque immense galerie est déplacé dans une maison bourgeoise, amie attentive des douces et calmes émotions; il appartient aux musées. Une grande bataille, à la bonne heure; un sujet champêtre, un frais paysage; une idylle en jupon court où l'on ne voit que des bergers; un goûter sur l'herbe, où la vive Aglaé présente à son cousin Myrtile un beau fruit que l'on dirait cueilli dans les jardins d'Alcinoüs..., pour peu que le peintre ait la main habile et l'outil léger, voilà les vrais plaisirs d'un honnête toit domestique. Eh bien, chose étrange! ce tableau très-bien traité de la critique et malmené par les connaisseurs, dont le gouvernement n'avait pas voulu, parce que les gouvernements comme les hommes ont leurs jours de sensibilité, l'intrépide amateur de chaque année en avait offert deux mille écus. Pensez donc si ce bel argent, très-inattendu, fut accepté avec reconnaissance ! Obéir à ses plus violents instincts, donner les plus terribles leçons aux despotes du Nord, appuyer la vengeance des peuples, te défendre et t'aimer à ciel ouvert, ô Pologne outragée ! et marcher sans que rien vous gêne à travers des sentiers pleins de vengeance, représente une grande fête ; et quand la chose est accomplie au gré de nos passions, vendre à bon prix ce livre ou ce tableau que nous-même nous pensions invendables, voilà ce qui s'appelle une heureuse action, un grand bonheur. Quoi de plus juste ! On n'a pas reculé devant le goût public, on n'a rien cédé à la petite maîtresse, aux beaux petits messieurs, au bourgeois, la bête noire ! et cependant le succès arrive, et la popularité vous berce. Alors, content de vous-même et content des autres, vous touchez aux étoiles.

Cependant la leçon avait profité. Plus le jeune homme avait redouté l'ennui de reprendre et de remporter son tableau dans un coin de son atelier, mieux il comprit qu'il était imprudent de s'exposer trop souvent à ces misères, et il revint à son heureux naturel. D'ailleurs c'est la grâce et le bonheur des talents sérieux : passer d'une idée à l'idée opposée ; aujourd'hui en pleine histoire, et le lendemain dans le roman champêtre. Et rien qui les gêne ou les attriste. Ils vont librement dans le libre espace aussitôt qu'ils se sentent suivis, écoutés, approuvés. Notre heureux peintre unissait à ce talent très-rare une belle âme, un cœur tendre; il obéissait volontiers à toutes les inspirations de la jeunesse. Il avait déjà, si jeune encore, pour l'aimer, pour l'entourer, pour lui plaire enfin, deux enfants adoptifs qui vivaient de sa vie et n'en connaissaient pas d'autres : son élève et son filleul, Zacharie, autrement dit rapin Toiras, qu'il avait trouvé jouant, tout petit, dans le jardin, et sa fille adoptive Édith, que lui avait apportée un beau jour l'un de ses confrères de l'école de Rome, un certain Malvoisin, talent méconnu, à qui rien n'avait réussi.

« Je te la donne, avait-il dit à son camarade, parce qu'elle est orpheline, parce qu'elle est charmante et que je suis incapable de l'élever. C'est une véritable Romaine, une Transteverine, une de ces têtes devant lesquelles s'arrêtait M. Ingres, notre illustre maître, et qu'il regardait tout rêveur. C'est une artiste en fleur. Plus d'une fois je l'ai surprise à tenir un crayon de sa main légère ; ah! comme alors je regrettais d'être un peintre impuissant, un bohème abandonné à tous les hasards! Crois-tu donc cependant que je t'aurais choisi pour te confier ce précieux dépôt si je t'en savais moins digne? Ce n'est pas en vain que nous t'appelions, dans l'atelier de Paul Delaroche : Nicolas le Sage, du nom du Poussin, ton vrai maître. Plus jeune que nous, tu nous donnais l'exemple assidu des meilleures mœurs. Un bon mot te faisait rougir. A peine osais-tu regarder en face un modèle qui représentait Flore ou Vénus. Que de bonnes charges nous avons faites avec ton innocence! Et maintenant le plus cruel des persécuteurs de ta vertu s'incline humblement devant elle, et dépose à ses pieds ce pâle et doux fardeau. La pauvre enfant a perdu sa mère, ou du moins elle est errante et vagabonde, loin d'un vagabond tel que moi. Si le père ne vaut pas grand'chose, la mère vaut beaucoup moins encore, et le plus grand bonheur qui puisse arriver à cette aimable enfant, c'est qu'elle soit préservée à la fois de son père et de sa mère. Adieu donc! Je retourne à Rome, où vivent si facilement les Raphaëls de peu de talent, de beaucoup de loisir. »

Sur quoi il partit les yeux pleins de larmes faciles à sécher. Il n'était pas au pied de la montagne que déjà il avait oublié ses bonnes résolutions, sa tristesse et son repentir. Tels étaient les trois habitants du clos Champenois. Il y faut ajouter, pour être au grand complet, une excellente ménagère, qui remplissait de son mieux la double fonction de portière et de mère-grand; elle veillait sur les deux enfants, ne ménageant pas les taloches au rapin et les caresses à la fillette. Elle avait aussi grand soin d'arroser le jardin, rapin Toiras restant chargé de tailler les arbres, et la jeune Édith de veiller sur les fleurs. Cette grande bonté qu'il avait, non moins que son talent, avaient attiré au maître de céans toutes sortes d'écoliers, dont il exigeait bien rarement la redevance, en souvenir aussi bien qu'en exemple de son premier maître. Et non-seulement il les aidait de ses conseils, mais encore de sa bourse. On citait déjà plus d'un Corot des deux sexes dont il avait arrêté la faillite pour des sommes qui variaient de quatre à cinq louis. Si donc il avait des jaloux hors de son enclos, il ne voyait dans son atelier, dans son jardin, que des visages heureux, de bons ouvriers en belle peinture, qui ne s'épargnaient pas la louange et l'admiration. Il n'entendait que chansons, gaietés et bonheur de vivre à l'ombre heureuse du doux vignoble. On irait bien loin pour rencontrer en si petit espace un si grand contentement.

Nous n'avons pas dit encore le nom de cet heureux jeune homme, et lui-même il ne le disait pas volontiers. Il s'appelait, non pas Nicolas Poussin, qui était son surnom des beaux jours, mais tout bêtement Nicaise de Kinseton. Le hasard, bien plus que le bonheur de sa naissance, en avait fait un baron : baron Nicaise de Kinseton. Nicaise et baron tout à la fois, deux bons motifs pour se voir exposé à toutes les railleries de messieurs les rapins ses frères, quand il n'était encore qu'un simple aspirant aux honneurs de la peinture. Avait-on ri au nez de sa baronnie! Avait-on fait la charge de M. de Kinseton et de ses châteaux! C'est très-vrai; le collége et l'atelier, l'étude et le stage, tous représentent la pleine égalité. Je ne crois pas qu'un lieutenant se soit jamais appelé M. le baron un tel; on n'a jamais vu de comte ou de marquis sur une affiche de théâtre. Attendez, jeunes gens, que l'heure soit venue; alors, si cela vous plaît, vous vous appellerez tout à votre aise le baron Dupuytren, le baron Gros, le baron Gérard, le baron Cuvier, le baron de Sacy, et vous n'en serez ni plus grands ni moindres. Le talent, voilà le vrai titre, et les gens bien élevés se garderaient bien d'appeler Mme Spontini la comtesse de San-Andrea. Au demeurant, notre artiste, après les premières brimades, sentit s'alléger peu à peu tous ces petits chagrins. D'abord, il y mit bon ordre. Sur le livret du salon de chaque année et dans le monde il s'appelait tout simplement *M. Kinseton*. Le nom était agréable aux artistes, il convenait au bourgeois, surtout quand on ajoutait :

« Vous savez bien, M. Kinseton, qui s'est bâti un si bel atelier dans le clos Champenois.... »

A l'instant même où commence l'histoire que nous allons vous raconter, avril joyeux se balançait dans l'amandier en fleur; les tableaux nouvellement éclos brillaient dans les salles de l'exposition. Ainsi l'heure était pleine d'espérances, et chacun des exposants, race alerte et ne doutant de rien, s'achetait, tout bas, ses propres œuvres à des prix fabuleux, et se décorait de la grande médaille d'or. Chacun de ces grands artistes méconnus allait et venait dans ces vastes galeries, épiant les regards les plus indifférents, écoutant les moindres paroles. Seul peut-être en ce moment, M. Kinseton appartenait tout entier à l'inspiration naturelle d'une si belle matinée. Oublieux de l'œuvre exposée, il ne songeait qu'à l'œuvre à venir, et cherchait à se reconnaître dans les premiers apprêts de l'ébauche. Elle a tant de charme et d'autorité, l'ébauche! Aux yeux des connaisseurs, elle est si bien l'œuvre entière; et quand elle est belle et grande, en pleine lumière, le maître est si content de son entreprise! En ce vaste atelier tout était spectacle, intérêt, curiosité. Une lumière égale et douce tombait du plafond sur tant de choses qui brillaient pour le plaisir des yeux! Çà et là, de belles œuvres des anciens et des modernes:

Allemands, Hollandais, Flamands, Français surtout, étaient accrochés sans ordre, et non pas sans goût, au milieu de cette éclatante confusion. Étoffes d'Orient, armures d'Espagne, fragments empruntés aux hasards de tous les siècles, étaient posés sur tous les meubles de toutes les époques. Les divers habitants de cette maison, si calme au dehors, laborieuse au dedans, s'étaient réunis dans cette commune joie, et, véritablement, chacun en avait sa bonne part. Sur un tapis persan qui tenait la moitié du parquet, le chat et le chien, deux amis, attendant le déjeuner, jouaient ensemble à qui saisirait au passage un rayon de soleil. Le merle au bec doré sifflait dans la cage entr'ouverte. Une fillette aux cheveux blonds, les cheveux de son père, avec les yeux noirs de sa mère, était assise, ou, pour mieux dire, à demi couchée, en un vaste fauteuil brodé au tambour par quelque duchesse de Versailles. Elle gravait sur le bois, d'une manière nonchalante, un léger dessin qu'elle avait copié sur les rosiers d'alentour. Appuyé sur le fauteuil, un joyeux rapin, leste et fluet, grêle encore et plus laid que beau, regardait tour à tour dessiner la jeune fille et travailler le maître. Il cherchait tout ensemble à deviner le rêve de ces beaux yeux et à comprendre quelques-uns des mystères de ce grand art de la peinture, pour lequel il avait plus de passion que de talent. Posé, sous le plus beau jour, devant son chevalet chargé d'une toile de médiocre dimension, le jeune peintre était tout entier à son œuvre bien commencée; il ne voyait que son tableau, tout le reste était pour lui ténèbre et confusion. Son âme et son esprit appartenaient à l'idée; il n'était plus un homme, il était un grand artiste. Ainsi la chose allait bien, claire et nette, et profonde; et quiconque eût regardé ce vaste conflit de la lumière et de l'ombre, en eût vu surgir beauté, jeunesse, amour, toutes les grâces du printemps qui vient d'éclore, et le drame ingénu que contiennent ces regards de quinze ans. Dans cette ébauche excellente, l'idylle apparaissait en sa fleur; le sourire éclatait dans sa grâce; on voyait confusément les formes, les beautés, le rêve. Un rien faisait briller le regard; un fond lumineux éclairait ce front charmant. Le peintre allait ainsi, dans l'idéal, réalisant les visions entrevues dans la chambre obscure de son cerveau. Mais, si parfois il s'arrêtait indécis, comme un voyageur qui perd la trace au milieu des sentiers qui se croisent, alors il prenait son point de repère, et d'un coup d'œil rapide sur la fillette aux cheveux blonds il revenait tout de suite à son modèle. Il la regardait sans la voir. Elle, cependant, émue et charmée, et devinant qu'elle entrait à son insu dans ce programme enchanté, elle restait immobile aussi longtemps qu'elle se sentait regardée. Alors, à son tour, elle avait un regard pour le jeune maître. Il eût, d'ailleurs, attiré l'attention d'une moins clairvoyante. Il portait le plus beau linge; il était vêtu d'un justaucorps de velours noir passementé de rouge. Il était chaussé d'une paire de babouches brodées d'or; ses belles mains tenaient sa palette et la brosse. Un léger duvet estompait sa lèvre éloquente. Ombre et rayon se disputaient son front superbe; oublieux de tout le reste, il ne songeait qu'à cette idéale perfection qui fuit toujours. Certes, le moment était solennel; chacun faisait silence autour de ce travail, qu'un sauvage ou même un oisif de la Maison-d'Or eût respecté, sans comprendre d'où lui venaient tous ces respects. Le chat même et le chien ne jouaient plus; ils regardaient le jeune homme en contemplation devant sa toile, et le merle avait cessé de chanter. Ainsi tous ces regards, toutes ces âmes d'hommes et de bêtes, étaient arrêtés sur ce point lumineux : l'artiste et son œuvre. O puissance ineffable et sainte de l'inspiration !

Même au dehors de l'atelier se faisait sentir ce charme imposant du travail. On eût dit que les passants se taisaient; les écoliers longeaient la muraille en silence; assise sur le pas de sa porte, et maugréant de son déjeuner retardé, Mme Robert, la portière, attendait le bon plaisir du maître.

« Je voudrais parler, lui dit un nouveau venu, à M. Kinseton le paysagiste.

— Il est chez lui, monsieur, dit la concierge. Mais il travaille encore, et toute la montagne est habituée à respecter le travail de Monsieur. Mais attendez, s'il vous plaît; je ne crois pas que vous en ayez pour bien longtemps. Le merle est au milieu du gazon, voici le chat sur la fenêtre, et j'entends Zémire aboyer. Et tenez, voilà le rapin qui m'appelle :

— A déjeuner! à déjeuner!

— On y va! on y va! Maintenant, monsieur, vous pouvez entrer. Je vais servir le déjeuner. »

Pendant qu'elle posait sur la table en ardoise une serviette blanche, un bol de lait chaud pour Mlle Édith, et je ne sais combien de côtelettes et de pommes de terre pour le maître et son rapin, le visiteur se présenta lui-même à M. Kinseton. Le nouveau venu était jeune encore et de belle prestance. Il portait, sur un habit de campagne en drap gris de fer, le ruban de la Légion d'honneur. Toute son apparence était empreinte d'une élégance rustique; une intelligente bonté se lisait sur tous ses traits. Rien qu'à la façon dont il regarda les tableaux de l'atelier, le peintre comprit que cet homme était un connaisseur, et cette découverte ajouta à ses bonnes dispositions pour l'inconnu.

« Monsieur, lui dit M. Kinseton, vous arrivez au bon moment. Nous avons fait ce matin d'assez bonne besogne, et maintenant nous allons déjeuner. Si le cœur vous en dit, soyez des nôtres, on vous donnera des œufs de nos poules, et, s'il vous plaît, vous aurez du lait de notre vache.

— Avec des pommes de terre de notre jardin, reprit rapin Toiras.

— Mieux encore, monsieur, reprit l'artiste, vous donnerez la main à Mlle Édith.... que voici.... Et maintenant, au jardin ! »

L'homme à l'habit gris ne fit pas grandes façons ; il semblait tout charmé de cette aimable invitation. La marche et la bonne humeur l'avaient mis en appétit; il mangea presque autant que rapin Toiras; il vanta le lait de la vache et les œufs de la poule. Il applaudit toutes choses en homme heureux. Seulement, averti par la couleur de ce petit vin, il porta le verre à ses lèvres avec une certaine hésitation.

« Voilà comme nous sommes tous, dit-il d'un air joyeux, avec une intention qui n'avait rien de flatteur, nous autres propriétaires de vignobles! Nous ne trouvons rien de mieux que le vin de notre cru. »

Et de rire.

« On voit bien que monsieur n'a jamais bu du nôtre, répondit rapin Toiras. Ce petit Beaugency est du clos Vougeot, comparé au clos Champenois.

— C'est ma faute, reprit le visiteur; je m'en accuse, et désormais, monsieur rapin Toiras, je vous enverrai, chaque année, quatre belles mâconnaises, de l'âge de mademoiselle, ou peu s'en faut. Oui, reprit-il, c'est ma faute ! » Et comme il voyait l'étonnement sur les trois visages : « Mon ami, dit-il à Kinseton en lui tendant la main, vous me voyez pour la première fois; et cependant nous sommes d'anciennes connaissances. Voici déjà longtemps que je vous aime. Et, d'abord, nous portons le même nom; moi aussi, je suis N. Kinseton.

— Mais, reprit le rapin, N. n'est pas un nom; êtes-vous Nicaise Kinseton? êtes-vous, comme nous, le baron Nicaise de Kinseton?

— Hélas! non, reprit le nouveau Kinseton. Je suis N. Kinseton, comme vous êtes N. Kinseton sur le livret. Et si peu que cela pourtant a fait si bien dans mon cœur et dans mon esprit, que je vous ai suivi dans votre carrière comme un frère suivrait son propre frère. A chacun de vos succès, j'applaudissais de toutes mes forces ; à tout prix il me fallait tous les ans le tableau de N. Kinseton. Vous étiez ma famille, et vous étiez mon orgueil.

— Ainsi, s'écria le jeune peintre, ainsi, monsieur, vous êtes l'acheteur constant, dévoué, paternel que j'ai rencontré depuis tantôt dix années, indulgent, généreux ? Soyez le bienvenu chez moi... chez vous ! soyez le bien remercié. Mais que vous avez fait de tristes affaires avec moi, et que je suis honteux quand je songe que vous avez acheté mon *Œdipe !*

— Oui, maître, et, dix ans après, j'achetais votre charmant tableau *Daphnis et Chloé*, quand la jeune Chloé danse, en riant, la danse du cyclope.

— Ah ! c'est donc vous qui possédez l'*Œdipe* et la *Chloé*, et *le Templier Brian de Bois-Guilbert ?* s'écriait le rapin Toiras. C'est donc vous qui possédez toutes nos œuvres ? Que je serais donc content de les revoir ! Vous aussi, ô Mécène ! notre *Amaryllis*, une fille de Virgile, et notre *Galatée*, une nymphe de Théocrite ? Ah ! que vous êtes bien un véritable ami, un vrai Kinseton !

— Donc la connaissance est faite enfin, reprit le visiteur. Je reviens du salon, où j'ai vu ..

— Nos *Bohémiens* de Béranger ?

— J'ai vu aussi, d'un certain rapin Toiras, élève de Kinseton, *la Tortue et la Bergère*, et je viens demander à M. Toiras s'il voudrait me céder tortue et bergère pour cinquante beaux louis d'or? Je placerai son tableau non loin des Bohémiens et de Brian de Bois-Guilbert.

— A moi cinquante louis d'or? s'écria rapin Toiras. Y pensez-vous, monsieur le chevalier? cinquante louis d'or! Il est vrai que la bergère est assez semblable à quelqu'un que je connais. C'est pourquoi je veux acheter à ce quelqu'un-là une belle robe toute neuve, une jupe en dentelle et des souliers couleur du soleil. »

Le peintre, à ces mots, souriait à la fillette, qui le lui rendait bien. Et les trois amis, le repas étant achevé, gagnèrent la terrasse de Montmartre. On dit qu'au sommet de cette terrasse, le diable ayant emporté Notre-Seigneur, il lui montra ce grand Paris, traversé par ce beau fleuve, et tout rempli de l'esprit de Voltaire, en lui disant : « Si tu te prosternes, le Paris est à toi!... » Notre-Seigneur résista à la tentation. Il est vrai que le tentateur ne pouvait lui montrer que le Paris d'il y a 1867 ans. La tentation serait presque irrésistible aujourd'hui.

Quand ils eurent allumé leurs pipes et qu'ils se furent bien reconnus, à des signes certains, pour de très-honnêtes gens, le Kinseton peintre raconta au Kinseton vigneron qu'il était originaire du Midi, d'une ancienne famille, et le dernier de sa maison. Il avait perdu sa mère qu'il était encore enfant; son père, un vieux soldat de l'Empire, avait un profond mépris pour quiconque était peintre, musicien, poëte, écrivain. Il ne connaissait que le sabre; il n'aimait que la bataille; après la bataille, il n'aimait rien tant que le bon vin, son compatriote; et, quand son fils le quitta pour s'en aller aux écoles de peinture, ce père indigné lui donna sa malédiction. Il laissa cependant, après sa mort, quelque petit bien que son fils avait échangé contre ces terrains pleins d'avenir au sommet de Montmartre.

« Et voilà, mon cher Kinseton, tout ce que je sais de ma famille. A votre tour, dites-moi ce que vous savez de la vôtre, et tâchons du moins, portant le même nom, de rester deux cousins. »

A son tour, M. Kinseton le vigneron raconta, non pas sans une certaine émotion, qu'il était orphelin de père et de mère, et qu'on l'avait ramassé, à demi mort, sur un rivage de la Bretagne. Il se souvenait confusément du naufrage et de la tempête, et d'une femme qui pleurait en l'embrassant. Un contrebandier de Roscoff l'avait ramassé à demi mort, et l'avait rapporté à sa Bretonne. On avait trouvé sur lui cinquante louis d'or dans un étui d'ivoire, et voilà avec quel argent il fut élevé. On lui apprit le français, les mathématiques et le bas breton; on lui apprit surtout le courage et la persévérance, à croire en Dieu, à ne jamais désespérer de la Providence. Quand il fut en âge de voir le monde, il étudia la minéralogie et les meilleures façons d'employer la houille à faire du gaz, et plus tard à donner l'âme aux machines sur les chemins de fer. Voilà comment il avait fait, assez vite, une assez belle fortune, et s'était retiré de bonne heure dans le repos très-occupé de l'agriculture. Il avait été l'un des députés qui virent tomber le trône de Charles X, et le remords de son injuste opposition au meilleur de tous les princes l'avait ramené pour jamais dans ses vignobles. Quant à ce nom de N. Kinseton, il l'avait trouvé gravé sur l'étui en ivoire, qui sans doute servait de cachet aux parents qu'il avait perdus. Mais ces armoiries étaient, comme on dit, des armes parlantes : une bêche en sautoir avec deux avirons. Voilà tout ce qu'il savait de lui-même. Et maintenant, il demandait au jeune peintre indulgence, amitié, bonté fraternelle. A dater de ce jour, il fut tout à fait l'ami et le commensal du clos Champenois. Ils se plaisaient, l'un l'autre, de s'appeler de leur nom propre. Le peintre avait un grand talent, mais l'amateur avait le sens net et droit de la belle peinture. Il avait visité tous les grands musées, et de ce beau voyage à travers les diverses écoles il était revenu très-épris de l'école française. Ainsi, très-vite, il fut adopté par les aimables habitants de ce riant petit coin de terre, incessamment ouvert aux honnêtes impressions. Il fit durer plus de six mois cette fête de l'amitié. Le maître de céans, la fillette et le rapin, le rapin surtout, raffolaient de ce vigneron qui recueillait de si belles pêches, de cet amateur de tableaux qui faisait venir de si bon raisin.

« Je ferai ton portrait, disait parfois rapin Toiras au bonhomme, et tu posséderas un véritable Vélasquez. »

En attendant, il faisait sa charge, et comme elle avait réussi par l'ironie et la bonne humeur, on la retrouvait sur toutes les murailles d'alentour. Kinseton le peintre accomplit la promesse de son rapin :

« Mon cher ami, dit-il à son ami le vigneron, vous poserez pour moi : c'est un bon moyen de se voir. Je ne vous retiendrais que huit jours, ce serait autant de gagné. »

En effet, le peintre eut bientôt représenté le vigneron; de son côté le vigneron voulut avoir le portrait du peintre; ils firent ainsi le plus aimable échange, et presque à la même heure le baron N. de Kinseton décorait le château de N. Kinseton son ami. Cependant les adieux furent douloureux de part et d'autre.

« Hélas! disait celui-ci à celui-là, la vie est à vous avec l'espérance. Vous avez presque un fils dans rapin Toiras, et vous aurez, je l'espère, une aimable épouse, le jour où la fille aux yeux bleus vous donnera sa belle main pleine d'éclairs autant que son regard. Soyez cependant le bien remercié, mon hôte et mon ami. Comptez sur moi comme un jour je compterai sur vous, car jamais vous n'oublierez, j'imagine, que vous et moi nous portons un nom tout pareil, et de même que je réclame une part dans votre gloire, vous auriez, malgré vous, une part dans ma honte. »

Ainsi parlant, ce brave homme roulait dans ses yeux de grosse larmes; son cœur était plein de présages. Et lorsqu'il prit congé, définitivement, du clos Champenois, de l'atelier, de rapin Toiras, de son ami et de la jeune Édith, on voyait qu'il avait grand'peine à quitter ces beaux lieux et ces bonnes gens. Il fit à rapin Toiras une grande commande; il offrit à la jeune Édith un bracelet pour les jours de sa robe rose, et deux boucles en diamants pour ses deux souliers couleur du soleil.

« Quant à toi, mon cher Nicaise, ô mon frère cadet, que j'ai perdu et retrouvé, je te laisse ma pipe et ma canne, et ce petit chien de ma chère Zerbine. Il est né à Paris, il ne connaît pas d'autre domaine que le clos Champenois. Adieu tous ! Je vais rentrer dans mes vignobles, dont une seule grappe vaut dix fois toutes vos vendanges, et cependant voilà que je pleure. Adieu ! Je retiens toutes vos œuvres; je les veux toutes; et celui-là serait bien riche, en effet, qui voudrait usurper sur notre marché. Encore une fois, adieu ! et n'oubliez pas, dans vos jours sombres, que là-bas, sur les bords paisibles d'un fleuve enchanté, aux penchants de ces coteaux pleins d'ivresse et de joie, au bruit des flûtes du dieu Pan et du tambourin de la nymphe errante, vous trouverez une maison, fraîche en été, tiède en hiver, la maison du chevalier de N. Kinseton. »

A peine arrivé dans son vignoble, le chevalier Kinseton écrivit une aimable lettre à ses trois amis du clos Champenois, dans laquelle il réclamait le tableau de la prochaine exposition, puis un petit tableau de rapin Toiras représentant *l'Aigle et l'Escarbot*, en pendant à *la Tortue*. En même temps, il envoyait, selon sa promesse, à son ami rapin Toiras, deux belles bourguignonnes de bel âge et de bonne condition, dans un habit tout neuf, avec la façon de s'en servir.

« Qu'elles soient les bienvenues, s'écriait le rapin ! Nous voilà donc enfin déguignonnés du vin de Bordeaux d'Argenteuil et du Clos-Vougeot de Suresnes ! »

Et lorsqu'il se vit propriétaire de six cents bouteilles cachetées de rouge, il tira de leur niche une demi-douzaine de beaux verres gravés par les verriers du roi Louis XV aux armes de la maison de Bourbon. Ce vieux vin, auquel tous les amis de l'atelier étaient généreusement conviés, ajouta, on l'eût dit, une gaieté inattendue à toutes les prospérités que contenait ce clos des Hespérides :

« Ah ! fi, l'ivrogne ! » s'écriait l'indolente Édith.

Puis, moitié riante et moitié fâchée, elle touchait de sa lèvre épanouie au verre du jeune homme, et celui-ci le vidait, rubis sur l'ongle, à la santé de la terre et du ciel. Rendus à eux-mêmes, ils étaient rentrés dans toute leur habitude, seulement la belle Édith était très-éveillée et très-attentive à tout ce qui se passait autour d'elle. Elle était, dans les heures nonchalantes, toute semblable à quelque passion endormie ; et qui l'eût vue en ces grands silences, ses beaux yeux baissés, ombrageant ce fier visage, eût dit à coup sûr : Voilà une enfant ! Sitôt qu'elle était réveillée, on devinait la jeune fille. Elle-même, elle disait avec une certaine fierté :

« Mon baptême en a menti, je dois avoir plus de quinze ans. »

Elle avait, en effet, la taille et le port, les épaules et tout le reste d'une beauté doucement épanouie au souffle de ses dix-huit printemps. Elle avait mieux encore : elle avait l'intelligence et le talent, avec tous les dons d'une nature exquise; et quand elle daignait parler, sourire, écouter, interroger, répondre, les plus beaux esprits et les plus intelligents restaient pour ainsi dire épouvantés de l'éloquence et des mérites de cette enfant de quinze ans. Mais, elle écoutait peu et répondait rarement. Elle vivait d'une vie intime et discrète. Elle se savait aimée, honorée, entourée; elle en était contente et ne l'exprimait pas.

Rapin Toiras, grand amateur de bric-à-brac, avait acheté la veille, en longeant le quai Voltaire, une élégante mandoline au long manche, qui portait les armes en relief de la princesse des Ursins. C'était un bel instrument, mêlé d'ivoire et d'ébène, avec une belle table d'harmonie où les doigts légers d'autrefois avaient laissé leur trace légère. Or, rapin Toiras, qui savait tout, avait rendu au luth négligé ses quatre cordes en laiton, et l'accord un peu long de ces notes aiguës impatientait évidemment la belle Transteverine. A la fin, n'y tenant plus, elle arracha l'instrument des mains du jeune homme. Les cordes furent d'accord en un clin d'œil, et voilà ces deux mains charmantes qui rendent à l'instrument réjoui la vie et la chanson. Depuis combien de temps ce luth sonore était-il enfoui dans le grenier des brocanteurs? quel chemin il avait fait pour venir de Madrid à Versailles, et quelles chansons pédantes il avait accompagnées sous les mains de sa première maîtresse, plutôt faite pour porter le sceptre que pour tenir un luth amoureux? Certes, voilà le problème auquel ne songeait M. de Kinseton, non plus que rapin Toiras. Toutefois, l'un et l'autre, ils restaient stupéfaits sous ce déluge énergique et tendre à la fois des notes les plus alertes et les plus vives. En ce moment, la vaillante Édith avait oublié que ses deux amis l'écoutaient, et, toute charmée elle-même de ces cantilènes longtemps oubliées, soudain retrouvées, elle s'abandonnait à la joie, au bonheur de les entendre. A son tour, le docile instrument obéissait à cette inspiration souveraine; et lorsqu'enfin il eut donné tous les sons qu'il pouvait contenir, et qu'il lui fut impossible, absolument, d'aller plus loin, la belle voix de la jeune fille ajouta ses vibrations puissantes aux sonorités de l'instrument vaincu. Elle chantait, le luth accompagnait, obéissant, ces merveilleuses chansons d'un autre âge et d'un pays lointain, jusqu'au moment où, vaincue à son tour, à bout du souffle et de l'inspiration, elle rendit l'instrument au rapin épouvanté.

« Mazetto, lui disait-elle, voilà comme on se fait obéir d'un vieil instrument qui vous tombe sous la main. Tu ne seras jamais un musicien, Mazetto. Et maintenant, remets cette guimbarde à son clou. »

Il obéit sans répondre. Il était honteux, humilié, charmé; il regardait le maître; et celui-ci, qui savait que la demoiselle ne voulait pas être admirée, avait déjà repris brosses et palette, mais on pouvait voir qu'il ne travaillait guère :

Souvent, j'écoute encor, quand le chant a cessé!...

Édith profita de ce grand silence pour faire le tour de l'atelier et du jardin. En sa qualité de *mystère*, elle éprouvait quelque gêne à cette révélation qui la faisait passer grande musicienne, quand à peine on lui accordait le petit talent de dessiner et de graver sur le bois des vignettes pour les livres illustrés. Il était très-vrai que l'admiration la gênait. Un regard trop persistant sur son incontestable beauté la mettait mal à l'aise. Elle aimait le silence et l'ombre, et maintenant qu'elle avait chanté, comment faire pour résister à ceux qui lui diront : Chantez-nous! chantez encore?

« Ah! maladroite et sotte que je suis! » se disait-elle.

Ainsi mécontente, elle rentra dans l'atelier, où le maître et le rapin avaient enfin trouvé une contenance. M. de Kinseton semblait tout occupé à donner une leçon à l'effaré rapin Toiras sur une belle feuille un peu grenue et faite exprès pour un dessin aux trois crayons. Certes, ce n'était pas la première fois que le disciple avait dessiné sous les yeux du maître : un Diomède, une Niobé, un Persée ou la Vénus, voire un Laocoon. Mais, cette fois, soit qu'il eût la conscience de son peu de talent, soit qu'il fût troublé par la découverte inespérée de tout à l'heure, ou qu'il entendît l'instrument retentir encore sous la pression de ces doigts pleins de fièvre, il faut dire que rapin Toiras hésitait. Il avait déjà, à deux reprises, commencé, effacé on ne savait quelle image incertaine dans les visions de son esprit, quand la Romaine, qui le regardait faire :

« *O maladetto!* dit-elle, il ne sera pas plus dessinateur que musicien! Donne! »

Et prenant le fusain de cette main tremblante, elle se mit, ô miracle! à dessiner à grands traits la propre image du jeune maître interdit. En quatre ou cinq coups de crayon, c'était déjà lui. C'était bien la tête innocente, au regard éveillé, au fin sourire, avec la malice du faune des bois. On a souvent rencontré cette image aux oreilles pointues, et le poëte Horace l'a chantée.

Voilà donc la lèvre aux deux coins relevée d'agaceries, et la joue, où la fossette est une ironie, et ces yeux ronds qui pétillent d'une malice innocente. En certains moments, elle oubliait le modèle, et se rappelait quelque divinité des *Métamorphoses.* Vous êtes resté dans ces âmes romaines, dieu charmant de l'idylle amoureuse, que Virgile empruntait au bon Théocrite, et rien ne peut effacer votre heureux souvenir. Voilà comment l'Italienne, ici, présente, retournait sans le savoir sur les bords de l'Arno, et s'enivrait du bruit charmant des cascatelles de Tivoli. Elle copiait, tout simplement, le doux profil de Mélibée ou de Tytire ; elle mêlait de la plus originale façon l'homme et le demi-dieu, le rapin et le berger, la grâce et l'enivrement. Tant qu'elle fut à son œuvre, elle entendit le bruit des flûtes, et respira la suave odeur des belles coupes taillées dans le hêtre et passées à la cire odorante. Ça charmait, ça vivait, ça brillait. C'était agreste et splendide à la fois. Un beau ciel bleu, le ciel du mois de juin, compléta cette image empruntée aux rives du Galèse, aux eaux mordantes du Liris, aux vignes de Formies. Ah ! le chef-d'œuvre ! Il y avait déjà longtemps que notre ami Kinseton le contemplait, retenant son souffle enthousiaste. Il tremblait que la vision ne se dissipât dans cet air transparent comme le cristal. Puis, quand la jeune fille eut achevé cette improvisation de génie, il s'agenouilla devant elle, et de ses deux mains jointes il porta jusqu'à ses lèvres ce dessin merveilleux. Très-ébahi, et comprenant peu de choses à l'œuvre ainsi qu'à l'ouvrier, rapin Toiras n'osait se reconnaître et se cherchait confusément dans ce tableau qu'il avait à peine entrevu dans l'œuvre excellente des maîtres italiens. Épuisée, et presque honteuse, la jeune fille était retombée sur son siége. Haletante, elle fermait les yeux.

Un grand coup frappé à la porte de la rue annonça des visiteurs qui avaient le droit d'entrer. En effet, c'étaient deux marchands de tableaux, grands coureurs d'aventures chez les peintres dont la renommée était faite, et chez les artistes dont la renommée était à faire encore. L'un de ces marchands, chose étrange, se connaissait en belles peintures, et quand sur un tableau, ancien ou moderne, il mettait le nom d'un maître, on pouvait affirmer qu'il ne se trompait guère. Il aimait la peinture, il l'honorait, et très-souvent il achetait des tableaux pour son plaisir. C'est pourquoi, sans doute, il avait déjà dépensé deux fortunes à satisfaire sa passion. L'autre était beaucoup plus jeune, et, fort heureusement pour lui, parfaitement ignorant des choses de son commerce. Il s'était trompé cent fois, mais toujours à son avantage. Il avait déclaré chefs-d'œuvre un tas d'à peu près qui avaient rencontré des acheteurs; il avait déclaré détestables de belles œuvres qu'il avait fini par payer bien au-dessous de leur valeur. Tout rivaux qu'ils étaient, ils vivaient bons amis, et comme ils n'avaient pas le même goût, la chose est facile à comprendre. Cette fois, s'ils se rencontraient chez M. de Kinseton, ce n'était pas le hasard qui les avait conduits, c'était une commande qui leur avait été faite par l'un des plus grands seigneurs de l'Angleterre, accablé de tableaux, et n'aimant plus, dans l'heure présente, que les dessins des maîtres. Il disait que le dessin était plus sincère et plus vrai que la peinture; qu'on y voyait davantage l'empreinte excellente de l'artiste, et que l'œuvre, toute nue, avait un charme ineffable. C'était donc justement pour obtenir du célèbre artiste quelques-unes de ses compositions primitives, que ces messieurs se rendaient dans son atelier.

« Nous y sommes, disait M. de Kinseton à rapin Toiras, et qu'ils soient les bienvenus. Voici tantôt quinze jours que nous sommes sans argent. »

A peine le rapin eut le temps de déployer le paravent derrière lequel la Transteverine avait coutume de se cacher. Là, elle était absente; son corps était présent, mais son âme était autre part.

A peine entrés, et sans dire au peintre ce qu'ils venaient chercher chez lui, les deux hommes tombèrent justement en arrêt, pour ainsi dire, devant ce crayon que le jeune Kinseton était en train d'adorer. Telle est l'autorité d'une belle œuvre: elle éclate et brille au premier abord. Un coup d'œil suffit pour en saisir l'ensemble et le détail. Le plus ignorant dans ces mystères de la forme et de la couleur a bientôt cédé à cette divine magie. Il regarde; il admire; il contemple. Ainsi ces quatre hommes, avant qu'un mot fût prononcé, se trouvèrent arrêtés devant cette œuvre encore palpitante des tressaillements de la création. A la fin, le marchand connaisseur rompant le silence :

« Ah! dit-il, voilà ce qui s'appelle une belle chose! et jusqu'à ce jour, monsieur, vous en conviendrez volontiers, rien de si parfait n'est sorti de vos mains.

— Euh! euh! reprenait l'autre marchand, le mauvais connaisseur, au premier abord on ne saurait nier l'effet de cette image, et j'en suis frappé comme vous. Mais, que de peine et d'effort! Comme tout cela est tendu, trop viril, et beaucoup trop achevé. Mais enfin, tel qu'il est, je le prendrais volontiers pour cent écus !

— Y pensez-vous ? reprit l'autre. A vingt-cinq louis, ce gringalet de petit faune ne serait pas payé, et j'en offre un billet de mille francs !

— Vous gâtez le métier, répondit le sceptique; avec mille francs bien employés vous auriez un petit tableau....

— C'est vrai, reprit l'enthousiaste, mais je n'aurais pas ce que je veux : un dessin. »

Ils en étaient là de leur contemplation, quand survint, en personne, le grand seigneur dont nous avons parlé. C'était un de ces connaisseurs blasés sur les beaux-arts comme sur tout le reste; il leur faut quelque œuvre à part, qu'ils n'aient jamais entrevue, et qui les frappe. Ces gens-là, fatigués de tout posséder, dorment sur leurs tableaux, sans les voir; sur leur argent, sans y toucher. Aussitôt que *ceci* est à eux, soudain s'en vont le charme et l'attrait. A peine si leur regard, voilé d'ennui, s'allume au feu des enchères. Ce seigneur se sentit réveillé par l'appétit d'une chose inconnue, et, tout de suite, il en offrit mille écus, pour le plaisir de l'enfouir dans son album. Trois mille francs ! c'était beaucoup pour un travail de trois heures, mais Kinseton ne le trouvait pas assez payé. Il ne l'eût donné pour rien au monde.... Un regard furtif qu'il jeta derrière le paravent le mit tout à fait à son aise :

« Hélas ! milord, dit-il, j'en suis fâché pour Votre Seigneurie, mais cette image n'est pas à vendre, et ce n'est pas moi qui l'ai faite. Elle me vient d'une telle main, que je ne me consolerais point, si par malheur je venais à perdre une si parfaite composition. »

A ces mots, il y avait dans son accent une si grande conviction, que ces trois hommes se retirèrent sans insister davantage. Il y eut, ce même jour, grande fête au clos Champenois, entre le peintre et son rapin.

« Ah ! maître, disait celui-ci à celui-là, que vous avez bien fait, et quel ornement précieux pour notre heureuse maison. »

Cachée au fond de son logis, la fière Édith se faisait toute petite; et se repentait de s'être ainsi livrée à l'admiration de ses deux camarades.

« Être aimée et prendre humblement les leçons du maître, c'était toute ma gloire ! se disait-elle. Et que deviendrai-je, à présent qu'ils m'admirent à leur tour ? »

Sur l'entrefaite, M. de Kinseton fut chargé de peindre une chapelle en l'honneur de la Vierge noire, dans l'une des vieilles églises de Paris. On lui demandait seulement d'apporter ses cartons et de les faire approuver par l'autorité ecclésiastique. Le voilà donc saisi par la fièvre des grandes compositions. Il y rêvait la nuit, il y pensait tout le jour. Il savait la légende et l'histoire de la Vierge noire, et, tout de suite, il se mit à chercher son modèle. A la fin, il rencontra aux abords du théâtre Montmartre, au milieu des comédiens oisifs qui se chauffaient au soleil de septembre, une fille d'Abyssinie, étrange à voir, mais dont un peintre habile pouvait tirer bon parti. Il n'était pas très-difficile de présenter sa requête à cette femme exposée à tous les hasards du théâtre et de l'atelier. Elle n'avait pas d'autre ambition que de vivre et de se parer. Justement, elle devait danser dans un ballet composé à son intention sur la musique d'un élève du Conservatoire. Bref, tout ce qu'il y avait de plus infime aux bas-fonds de l'art dramatique; et cependant il n'avait rien trouvé de mieux en dépit de toutes ses recherches. Le voilà donc attiré par cette danseuse olivâtre, et cherchant sur ce visage hébété par la faim et la soif les traits radieux d'une fille du ciel. Et tant il chercha dans ces abîmes de la vanité et du haillon, qu'il finit, l'imprudent! par se prendre à ces piéges misérables. Pas une explication, pas une excuse. A force d'étudier ce corps inerte, il se prit à le trouver aimable; en relevant tout cet affaissement jusqu'à la dignité d'une œuvre, ornement de l'autel, le malheureux devint la dupe et la victime de son propre ouvrage. Il traita ce modèle fangeux, comme Pygmalion sa statue; il appela la *Vierge noire* une Abyssinienne apportée au marché des esclaves! Lui-même, il ne se cachait point pour obéir à son triste penchant. Il lui semblait que sa passion était la conséquence de la tâche entreprise. A ce compte, il ne vit pas la profonde horreur de la jeune Édith pour ces amours de la rue, et quand le rapin voulut fermer la porte à celle qu'il appelait : la Négresse! le malheureux se fâcha à faire trembler tout l'atelier! Force alors fut d'obéir; et que la négresse arrivât par la grande cour ou par le couloir donnant sur la rue, elle trouvait portes ouvertes. Elle se doutait aussi peu que son peintre que l'on pût rien reprendre à sa conduite. En ces heures sombres, le peintre était à sa toile, et le rapin allait avec ses amis, dans Paris, la grande ville. Seule en ce logis, où elle avait passé de si belles heures d'innocence et d'orgueil, dont sa voix remplissait naguère l'écho joyeux, où son moindre désir était un ordre, Édith supportait fièrement cette épreuve. Au fait, elle habitait, dans un coin du clos Champenois, un ancien moulin de Montmartre, que le jeune peintre avait réparé à l'usage de sa pupille. Aussitôt qu'elle avait franchi le seuil abrupt de ce lieu d'asile, elle était vraiment chez elle, sous la garde bienveillante de Mme Robert. Tantôt elle lisait dans les beaux livres de sa patrie italienne, Arioste ou Tasse, et plus souvent le vieux Dante. Ou bien, elle chantait à voix basse. Elle dessinait, elle rêvait; elle entendait surgir de ces lointaines vapeurs le vice et l'agitation de la grande cité, semblable à ces lacs d'un feu sombre, où l'incendie est endormi.

Cependant, cette inquiétante année, dont les commencements avaient été si paisibles, le milieu si tendre, et dont les derniers jours cachaient tant d'orages, se dissipait pour la triste Édith dans un découragement mortel. En si peu de temps, l'espérance avait fait place au désespoir, l'ombre à la nuit, le travail à l'abattement. Uniquement parce que cette heureuse maison avait recueilli cette Égyptienne, cette fille de la mer Morte, et qu'elle venait, chaque jour, représenter des grâces et des vertus dont elle ne savait pas le premier mot, le clos Champenois ressemblait à un lieu de désolation. Rien ne vivait plus, rien ne chantait plus. Le merle oubliait de jaser; la linotte et le pinson n'avaient plus rien à se dire. Il n'y avait de joyeux que l'orfraie et son ami le tiercelet, qui remplissaient l'espace de leurs cris de furie et de meurtre. En même temps décembre, ameutant ses furies, amoncelait la neige et le brouillard sur ses hauteurs misérables. Tout gelait, tout se confondait. L'atelier craquait et se lamentait d'une façon sauvage. La pluie, à l'infini, tombait de l'urne inépuisable. Ah! c'est beau Montmartre au lever du soleil radieux, au vaste aspect du midi flamboyant! Ou bien, le soir, quoi de plus charmant que la lumière à l'état décroissant, fluide et blanche, à travers les nuages légers tout remplis de caprice et de fantaisie! On se sent vivre, et le cœur palpite à ces impressions charmantes: la montagne en éveil, réveillant la plaine endormie, ou bien la plaine, aux premiers zéphyrs du matin, poussant son voile à travers l'espace adouci. Charmant concert de tous les bruits, de tous les silences ; écho radieux de tous les ravissements de la terre et du ciel!

Mais sitôt que l'heure est sombre et que l'espace est sévère; au milieu des obstacles qui surgissent d'en bas, et dans l'épouvante des abîmes d'en haut; quand le désordre est roi, que le tumulte arrive entassant les aquilons sur les tempêtes; quand il n'y a plus que solitude et bruit, menace et frisson, rien ne saurait, pour la tristesse et pour l'ennui, se comparer à ces demeures de lamentations. L'homme oisif, qui d'en bas les regarde, en est à se demander si vraiment elles sont habitées par des créatures raisonnables. Pour revenir à notre histoire, depuis tantôt quinze grands jours la terre était inondée. Une incessante infiltration s'étendait sous cette craie à l'aspect solide. Il y avait parfois des coups de vent terribles, avec des mugissements sans pitié, qui faisaient trembler les moulins en pierres de taille. Tout gémissait, pleurait et se lamentait dans ce nuage et dans ce désert, et Dieu sait si la jeune Romaine avait froid dans sa retraite voisine de l'ouragan!

Ce fut donc l'un des derniers jours du mois de décembre, et la veille de Noël, qu'après bien des répétitions inutiles l'Abyssinienne, enfin, fut affichée au milieu de son ballet. Elle jouait le grand rôle dans un de ces poëmes-ballets-opéras qui ne sont ni danse, ni comédie, ni chanson. Cependant, la foule était grande, attirée autant par la messe de minuit que par l'attrait de la danseuse noire. A peine la salle était ouverte, que M. de Kinseton, poussé par le double intérêt du peintre et de l'amour, était à son poste. Tantôt il se cachait, honteux de lui-même, et tantôt, hors de sa loge, il contemplait en peintre ce modèle étrange, plein d'horreur et de beauté! On eût dit que le public partageait le charme et les répulsions du peintre. Il applaudissait avec rage, il sifflait avec acharnement. Cette femme était pour ce peuple un mystère inexplicable; il eût fait volontiers comme Néron pour sa maîtresse : « Je la veux, disait-il, appliquer à la torture, afin qu'elle me dise au moins pourquoi je l'aime. » Elle parlait comme on glapit; elle dansait... ce n'était pas une danse, mais un bondissement. Dans ce bondissement il y avait une certaine ivresse assez voisine de l'extase. Cette sauvage avait vraiment la beauté plastique, et le peintre était bien dans son droit de la regarder jusqu'au délire. Une musique monotone et des chansons de l'autre monde accompagnaient dignement ce ballet lugubre, où l'on eût dit que la danseuse avait déteint sur son entourage. Au dehors, la pluie tombait à torrents, le vent sifflait, les arbres se lamentaient.

Tout à coup le théâtre entier trembla sur ses fondements, et les spectateurs, réveillés dans ce pénible sursaut, restaient épouvantés de ce coup de théâtre. Un bruit formidable chargeait l'écho des plus épouvantables menaces, et bientôt le silence avait repris son autorité sur la montagne ébranlée. En ce moment, par la profonde intuition de son malheur, le jeune peintre, abandonnant sa déesse, éperdu, épouvanté, se précipite appelant à lui tous les vagabonds d'alentour, les mendiants couchés dans les ruines, les voleurs endormis sur les fours à chaux, tout le Paris sans pain, sans asile et sans peur. « A l'aide! au secours! » criait-il.

Et dans sa course échevelée il voyait sortir ces ombres, ces spectres, ces vieillards sans mœurs, ces femmes sans lois, sans enfants, sans Dieu. Ils avaient compris, au premier bruit, qu'ils étaient convoqués pour une ruine immense, qu'ils en auraient leur part, et, rampant dans l'ombre, ils obéissaient, pâles et silencieux, à cette misère qui les appelait. Et pensez donc à l'étonnement de ces larves, se voyant invoqués comme s'ils eussent été la lumière et l'espérance! Ainsi, sans autre mot d'ordre, ils étaient réunis au bas de la colline, où la fortune et l'atelier de ce malheureux s'étaient dévalés. *Hic jacent!*

Et rendons toute justice à l'artiste; il ne songeait pas à son œuvre enfouie, il ne pleurait pas sur sa maison dévastée, il n'avait point souci de tant de belles choses entassées à si grands frais. Non! non! sa peine et son désordre, en ce moment, lui venaient de son jeune élève enfoui sous ces ruines.

« Mon cher enfant! mon ami! rapin, mon petit rapin, où es-tu? réponds-moi! »

Il le cherchait à la clarté des torches, et ce fut à grand'peine si ces mêmes bandits accourus à son appel l'arrachèrent au plus épais de la ruine où il s'était jeté. Enfin, Dieu soit loué! il retrouva le pauvre enfant à demi brisé sur sa couche. Il vivait encore, il respirait encore.

« O mes amis! disait Kinseton, j'ai mon bien! à vous tout le reste.... »

Et la troupe envahissante emporta le tout, les piliers, les débris, toutes les choses brisées, souillées, qui représentaient naguère tant de joie et tant de bonheur. Au point du jour, la place était nette; on n'eût pas dit que la beauté, le génie et la jeunesse avaient passé par là.

Ce grand bruit, ces plaintes sinistres, cet orage éperdu dans la montagne, avaient arraché la vaillante Édith à un sommeil plein de torpeur. Nous avons dit qu'elle habitait seule, avec sa servante, le corps de logis dont la vieille Mme Robert était la concierge; mais ce soir-là la gardienne, trop peu surveillée, avait quitté son poste, et, tranquillisée par la porte fermée, elle s'était rendue à la messe de minuit. C'est pourquoi la jeune fille, témoin muet de ce grand cataclysme, restait immobile à sa fenêtre, appelant, mais en vain, à son aide. Elle avait deviné, plutôt qu'elle ne l'avait vu, ce grand désastre. Elle n'y pouvait rien comprendre. Elle se croyait le jouet d'un mauvais rêve. Elle se demandait le sens infernal de cette masse et de ce bruit sombre. Ah! quand elle entendit les grands cris de M. de Kinseton appelant le jeune homme, et le demandant à la pluie, à l'orage, à la ruine; et quand elle vit accourir de toutes leurs cavernes ces espèces de sauvages, qui suffiraient, en vingt-quatre heures, à démolir le palais de Versailles, elle comprit toute cette misère. A son tour elle appelait : « A l'aide! au secours! » Pendant plus d'une heure, elle écouta ses gémissements et ses larmes, jusqu'au moment où, la porte étant ouverte, elle se précipita dans son habit de nuit près du jeune homme arraché, au milieu de tant de périls, à ce toit croulant. Pendant que les rôdeurs de nuit, au bruit du rappel qui battait réveillant les gardiens de la cité, rentraient dans leurs trous, comme on voit la cendre du papier brûlé dévorer peu à peu les flammèches invisibles, le pauvre enfant, victime innocente de sa fidélité pour le logis où vivait la jeune fille et pour l'atelier où travaillait son jeune maître était transporté dans le vieux moulin. Le vieux moulin était resté debout; il avait affronté depuis deux cents ans toutes les tempêtes! Ce fut comme un convoi plein de sanglots et de larmes, que chacun voulait retenir.

Rapin, transporté dans ce lieu sûr, reconnut à son chevet, penchés sur son agonie, tout ce qu'il aimait en ce bas monde, Édith et M. de Kinseton. Il les reconnut par un sourire. A la fin, rappelant à lui toutes ses forces, il prit leurs deux mains dans sa main mourante, et, les touchant de ses lèvres, il expira. La jeune fille et le jeune maître restèrent silencieux et muets, cherchant un reste de vie.... Il était mort.

« Je l'aimais! » dit Édith en regardant M. de Kinseton.

Et celui-ci se sentit percé jusqu'au fond du cœur.

Quand vint le jour, tout ce désastre apparut dans sa formidable magnificence. Une part du clos Champenois était tombée et s'était précipitée en avalanche à travers ces terrains noyés dans la pluie. Il n'y avait plus aucun vestige de cet atelier qui, la veille encore, était rempli d'espérance et de travail. En si peu d'instants, le malheureux possesseur de tant de biens, qui faisaient sa joie et son orgueil, avait tout perdu. Son fils adoptif, ses brosses, ses pinceaux, sa palette, et toutes ces toiles dont chacune, inachevée, était un sujet d'étude, une force, un souvenir. Il avait perdu ces études précieuses que l'artiste ne fait qu'une fois dans ses voyages à travers les musées. L'orage avait réduit à rien ces albums, ces esquisses, ces rêves, ces fumées, ces souvenirs que le crayon confie à l'album du voyageur. La ruine avait fait table rase. A peine s'il se souvenait de tant de travaux commencés ou rêvés dans ce frêle espace aujourd'hui tout couvert de boue et de limon. Mais le véritable objet de sa peine et le sujet de ses larmes, son inconsolable affliction, c'étaient ces deux mots de la jeune Édith: « Je l'aimais! » Alors, il revoyait très-clairement les gaietés de ces deux natures si peu semblables l'une à l'autre au premier abord. Il entendait le rire étincelant du jeune homme; il retrouvait le moindre accent des moqueries de la jeune fille en belle humeur. Il eût donné tout au monde pour avoir sauvé l'image du petit faune, un chef-d'œuvre qu'elle avait fait à main levée. En ce désespoir sans forme, il revoyait toute chose à sa place, avec l'accent, avec le regard et tout l'enchantement d'autrefois. Il comprenait maintenant toute sa faute, et comment cette Édith qu'il avait négligée, et qu'il traitait comme une âme dont il ne doutait pas, avait fini par s'éprendre en secret de cet innocent Rapin-Toiras. Et toujours il entendait cette parole à son oreille déchirée : « Je l'aimais ! »

Édith, cependant, cette enfant endormie à demi, la languissante Édith, voyant le péril de la situation et l'abattement infini de son jeune maître, s'était soudain réveillée. Un seul instant avait fait de la jeune fille une dame absolue, une volonté présidant à toutes choses. Elle avait suivi dans le cimetière voisin le cercueil de rapin Toiras, porté par six jeunes amis de l'atelier. Elle-même, elle avait dessiné le tombeau ; et quand elle reçut de son ami le vigneron cent louis pour cette bonne œuvre, elle en ressentit tant de reconnaissance, que rien, désormais, ne pouvait lui faire oublier un pareil bienfait. Ces obsèques étaient à peine achevées, M. de Kinseton reçut de la ville un ordre absolu. Sous vingt-quatre heures, il fallait quitter son dernier abri, cette maison chancelante, et chercher fortune autre part. Le coup fut rude encore : il se proposait de s'établir dans ces murailles et de refaire un jardin dans ce bouleversement. Toutefois il obéit sans mot dire, et, descendant de ces hauteurs où ils avaient été si paisibles, Édith et lui se logèrent tout au bas de la montagne, dans une maison neuve et mal bâtie, à l'ombre. Ces ruines d'artistes et de rois vont très-vite. Plus vous sembliez grand dans la prospérité, plus le malheur vous accable. Édith et Kinseton, sans en convenir encore, sentaient, peu à peu, la nécessité s'appesantir sur leurs têtes innocentes. Édith avait la fièvre ; elle était restée si longtemps exposée à l'orage, et vraiment la force lui manquait d'aller plus loin.

Autre embarras : le jeune artiste avait fait des dettes. Le moyen de n'en pas faire à l'âge heureux des tentations, quand l'argent est si facile à gagner, et que les amateurs s'arrachent vos œuvres à peine commencées ? A soi-même, on se dit : « Je suis le roi du monde ! » On trouve une excuse à toutes ses fantaisies. Avec ce grand mot : « Artiste! » on va de passion en passion ; on achète, à son gré, tout ce qui plaît aux regards ; la curiosité devient une seconde nature, et, tout haut, l'on se félicite de tant aimer les belles choses. Ajoutez que le crédit est si grand pour le peintre adopté du public. Il est vrai qu'au moindre accident le crédit s'en va, souvent pour ne jamais revenir. Les marchands et les brocanteurs de Paris ne s'étaient pas inquiétés aussi longtemps qu'ils avaient vu leurs tableaux, leurs marbres et leurs porcelaines entassés dans le riche atelier et répondant pour leur propriétaire; mais quand ils apprirent la ruine entière et la perte irréparable de tant de richesses, qu'ils regardaient comme leur gage, ils se hâtèrent de présenter leurs mémoires.

« Pour cette fois, disait la jeune Édith, voilà, cher maître, un bon motif de vous remettre au travail. Courage! oubliez, un instant, la peine et le chagrin pour la nécessité présente, et, quand le public aura retrouvé son peintre ordinaire, aussitôt que vous aurez montré une belle toile, et que les marchands reviendront, empressés comme autrefois, vous calmerez d'un mot toutes ces inquiétudes. Alors, ces hommes qui vous pressent seront à vos pieds. Prenez, cependant, cet argent que j'ai gagné à graver ces petits bois qui ne sont pas trop indignes de la publicité. La jeune ombre de notre ami rapin Toiras sera toute réjouie à nous voir profiter des fruits de ce travail, qui était autant le sien que le mien. Que de fois il abrégea ma tâche, et qu'il était heureux lorsqu'à mon réveil je ne trouvais plus à faire que les traits fins et légers, tout le reste étant enlevé par ce pauvre ami que j'ai si souvent découragé !

— Vous avez raison, répondait M. de Kinseton, ma chère et courageuse Édith. Le temps n'est plus où je pouvais m'enivrer du rêve et prêter l'oreille au chant de l'alouette matinale. Nous entrons dans la vie austère, et le travail peut seul nous sauver. Patientons ! laissons revenir l'inspiration. En ce moment, une force insurmontable m'arrête et me retient. Enfin, voyez donc, je n'ai pas même une toile, à peine une palette et des couleurs. Celui qui faisait ma palette est là-haut !

— S'il vous plaît, reprit Édith, je la ferai moi-même. On a tout prévu, monsieur l'artiste. Or, voici la toile et la brosse, et les crayons. J'avais conservé, Dieu merci ! la première esquisse du tableau qui s'est perdu. La voici. Copiez-la. Ce sera de la peine de moins, et vous aurez bientôt retrouvé les ombres, les clartés, la grâce et le paysage, et ce charmant lointain, et le rayon sur les eaux ridées par le souffle matinal. »

Parlant ainsi, elle était très-engageante, elle était irrésistible. Elle s'asseyait sur un mauvais fauteuil, sans trop songer au fauteuil de Trianon. Vaincu par tant de prières, et surtout par ce regard mouillé de larmes qui l'encourageait, le jeune artiste prit enfin le crayon que lui présentait cette belle main. Il revoyait déjà, dans cette ombre errante, l'idylle si bien commencée. Il se disait qu'il allait retrouver son beau modèle, et que le modèle, comprenant la nécessité du succès, reprendrait la calme assurance et l'attitude heureuse du dernier avril. Alors le voilà, tremblant d'une ineffable émotion, qui veut jeter sur la toile un premier aspect du tableau destiné à relever sa fortune et son courage.... O misère! ô douleur! sa main tremblait, elle tremble encore. En vain il l'appuie avec effort sur le bâton du peintre.... Ah! voilà le dernier coup, la dernière peine! Il a perdu la sûreté de sa main; elle n'obéit plus à son coup d'œil; elle va plus loin que sa pensée ou bien elle est en retard. Jugez de la stupeur du malheureux jeune homme, et comprenez-vous son épouvante, à cet irrésistible tressaillement de ses nerfs? C'était donc vrai?

Depuis son grand désastre, il avait le pressentiment de cette nouvelle misère. Alors, courbant la tête sous l'implacable nécessité, il couvrit ses deux yeux de sa main frappée, et il la sentit frémissante sur ses yeux qui pleuraient.

Il y eut ici entre Édith et le jeune homme un profond silence. Elle cherchait, mais en vain, une consolation; il cherchait, sans la trouver, une lueur d'espérance. Il était bien décidément perdu. Désormais, que faire et que devenir? Donc, jamais peine à la fois plus grande et plus complète.

« O ma chère Édith! lui dit-il la voyant en proie à la fièvre qui ne la quittait pas, j'ai bien peur de vous perdre; et cependant je voudrais vous survivre. Où trouveriez-vous une tendresse égale à la mienne? une adoption plus franche? Et si parfois j'ai négligé les soins de ma tutelle, hélas! ce triste oubli venait justement du grand bonheur qui nous entourait. Maintenant, vous voilà malade, et c'est heureux pour ma gloire. Je vous connais, vous travailleriez à ma place. Hélas! la peine et le travail sont faits pour les bien portants que nous étions, vous et moi, il y a six semaines. Dieu soit loué! votre jeunesse aura bientôt pris le dessus. La grande artiste que vous laissez dans l'ombre, et qui s'est révélée une seule fois avec tant d'éclat, reparaîtra dans toute sa force. Ah! que vous aviez fait une belle image, et que j'en aurais été jaloux, si je ne vous avais préférée à toute chose! »

Il espéra longtemps que cette crise était passagère. Impatient de travail, il attendait chaque matin que cette main, si longtemps vaillante, eût retrouvé l'énergie avec la justesse. Hélas! vain espoir! Si le coup d'œil était juste et net, la main tremblait toujours : l'image indécise allait, çà et là, pleine de caprices et de hasard. Quel malheur, quand le crayon manque au dessin, l'outil à la volonté, la forme à la couleur!

Dans cette lutte énergique, et dont lui seul il savait toutes les douleurs, le malheureux artiste sentait se consumer les derniers jours de sa jeunesse. Il cacha, tant qu'il le put, toute sa misère; mais les amateurs, sans cesse et sans fin repoussés sous divers prétextes, renoncèrent à leurs demandes. Les uns disaient : « Il est hypocondre!

— Il est fou! » disaient les autres.

Les plus méchants prétendaient qu'il avait perdu la meilleure part de son talent en perdant rapin Toiras. Un matin, comme il se promenait au soleil, il put lire, écrit sur la muraille, en belles majuscules : Kinseton, crétin! *Malheur aux vaincus!* Deux fois malheur aux vaincus! Toujours le mot sans pitié de notre aïeul Brennus, qu'il s'applique au peintre, au poëte, à l'amoureux, au capitaine, à l'homme d'État.

En ce temps-là toute la peinture était occupée à

saluer les deux nouveaux venus, les deux maîtres de la couleur : Marilhat, l'orientaliste, et Decamps, qui s'en revenait tout chargé de butin de notre conquête d'Alger. Il y avait aussi pour tenir le monde attentif à ses exploits une espèce de héros qui s'appelait Eugène Delacroix, tout rempli du naissant orgueil des *Massacres de Scio*. Puis, dans le lointain, un bel esprit, qui était devenu en vingt-quatre heures, et pour cette fois seulement, un très-grand peintre... il s'appelait Charlet. Ce Charlet des batailles, des soldats et des enfants, montrait dans une toile émue, au peuple attentif, la bataille et les héros que chantait Béranger. Voilà donc le sombre oubli, l'oubli suprême, qui tombait comme un crêpe au-dessus de ta renommée, ô malheureux Kinseton! Plein de force et de vie, et d'une imagination puissante, il assistait désarmé à la plus grande lutte, et la plus généreuse, des talents nouveaux de la peinture française. Et plus il contemplait ces merveilles, plus il se rendait cette justice à lui-même que peut-être il n'était pas indigne d'entrer dans cette arène illustre. Enfin, malheureux jusqu'au délire, il ne se consolait pas d'être arrêté par cet accident sans nom : un nerf qui se dérange, un doigt qui ne va plus. Le talent à son apogée, et l'impuissance aussi!

5.

Certes, la courageuse Édith prenait sa part de ces misères sans nom. Elle se sentait indispensable à ce malheureux qu'elle avait vu dans une si belle fortune; elle sentait qu'il vivait de sa vie, et par une espèce de piété filiale elle résolut de sauver le jeune homme à qui son père l'avait confiée. Elle a raconté, plus tard, qu'elle n'avait jamais perdu l'espérance. Elle fit bien. D'abord elle acquit la certitude qu'elle et lui ils pourraient vivre, à la rigueur, de leur travail. Il apprit assez vite à dessiner, à graver de la main gauche. Il arriva à produire des eaux-fortes qui furent acceptées tout de suite. Il les signait du nom d'Édith, qui souriait à cette gloire inattendue. Édith, de son côté, avec la maestria du fusain, composait de grands dessins, tout remplis de génie et d'imperfection, qu'elle signait fièrement : E. de Kinseton. Jamais plus innocente supercherie. Il eut ainsi sa seconde manière, mais les connaisseurs regrettaient le peintre original. Ils achetaient les dessins en réclamant des tableaux. Peu à peu, leurs affaires se rétablirent et, grâce à des commandes nombreuses, l'humble ménage entrevit des jours meilleurs. Comme un bonheur ne vient pas seul, un secours leur vint, sur lequel ils ne comptaient plus; ils étaient de la race orgueilleuse et laborieuse qui ne sait pas tendre la main. Cependant ils ne furent pas très-étonnés quand ils reçurent la seconde lettre de Kinseton le vigneron.

« Ami, disait-il à son homonyme, est-il vrai que vous ne faites plus rien? Les uns disent que vous êtes devenu fou; les autres disent, ce qui est pire, que vous n'avez plus de talent, que vous l'avez perdu en perdant rapin Toiras, le véritable auteur de vos plus belles œuvres. En vain, depuis tantôt dix-huit mois, j'ai demandé le nouveau tableau de M. de Kinseton... Tout ce qu'on a pu faire, c'est de m'envoyer une suite de beaux dessins à l'eau-forte de votre élève Édith, et vraiment elle représente, à s'y méprendre, un des caractères de votre ancien talent : la poésie et l'idéal. Dans ce fouillis, où l'on retrouve à la fois la main virile et le talent d'une jeune Muse, on sent la vie et le mouvement, la plainte errante et la chanson lointaine, le murmure des eaux fraîches, le bourdonnement des grandes herbes, le bruissement des bois. Tout et rien ! Mais le vulgaire est rebelle à ces beautés inachevées. Edith et vous, vous aurez peine à vivre, aussitôt que la première ferveur de ces métamorphoses sera passée. Enfin j'ai peur, même en voyant certains dessins signés de vous, que vous ne soyez bientôt lassés. J'ai donc ramassé, à votre intention, tout mon argent comptant. C'est peu de chose. Acceptez-le avec autant de cœur que je vous l'offre, et, désormais, ne comptez plus sur moi. J'ai perdu, misérablement, ma liberté. Depuis le jour où je vous ai quittés, le cœur tout rempli de vos tendresses, une passion mauvaise a pris ma vie entière, et désormais j'ai perdu le droit d'ouvrir ma maison au courage, à l'innocence, à la vertu. A dater de ce moment, cher Kinseton, je ne suis plus votre cousin. Je n'aurai pas l'honneur et le bonheur d'appeler la belle et fière Édith : ma cousine ! Elle ne viendra pas sous mon toit déshonoré. Je suis perdu pour elle et pour vous. Ne me remerciez pas ; vous attireriez sur ma tête un grand orage. Ne m'écrivez plus, je ne lis plus que des lettres déchirées et souillées. Priez pour moi ! Pleurez pour moi !

« Le malheureux N. de Kinseton. »

Quand ils eurent épelé cette horrible lettre, Édith et son ami se regardèrent en silence; ils tâchèrent de comprendre, et l'effort même redoublait le nuage. A cette lettre était jointe une somme au moins égale à toutes les dettes qu'ils avaient encore :

« Obéissons, disait Édith, à la volonté de ce mourant. Payons nos dettes ; soyons libres, et puis nous penserons à venir en aide à cet ami qui n'a pas oublié l'honneur du pauvre et le repos du mort. Aussi vrai qu'il y a un Dieu dans le ciel, si vous voulez me laisser faire, mon jeune maître, je sauverai M. de Kinseton. »

Parlant ainsi, son regard était plein d'espoir; l'auréole était à son front. Celui-là eût été un coupable, un insensé, qui n'eût pas cru à l'inspiration de ce bon génie.

« Et moi donc, s'écriait l'artiste enivré d'espérance, et moi donc, ma chère Édith, m'oublierez-vous dans vos miracles?

— Non, non, s'écriait-elle, on te sauvera, toi aussi! »

Le lendemain, comme il achevait de sa main gauche un pan du ciel :

« Vous n'avez pas remarqué, lui dit-elle, et cependant la chose en valait la peine, le cachet de la lettre de notre ami le vigneron?

— C'est vrai, reprit l'artiste, mais à quoi bon?

— A quoi bon? dites-vous. Mais ce cachet est toute une révélation. Les armes sont les mêmes que les vôtres, et proviennent, j'en suis sûre, de l'étui armorié trouvé sur l'enfant après son naufrage. Il n'est pas besoin de les comparer plus longtemps pour s'assurer de la ressemblance, et l'identité étant claire et nette, pour peu que vous soyez un galant homme, ami de la justice et reconnaissant d'un bienfait, nous partirons, sur-le-champ pour Aigues-Mortes, votre patrie, afin de nous renseigner sur cet enfant perdu qui doit appartenir à votre famille.

— Eh bien! reprit M. de Kinseton, supposons qu'en effet je retrouve un Kinseton qui se serait oublié dans ces sables, et qui me donne une explication suffisante à établir ma parenté avec ce bienfaiteur qui nous est tombé du ciel, qu'adviendra-t-il?

— Ce qu'il adviendra! s'écriait Édith d'une voix indignée, à peine aurons-nous les preuves d'une origine commune et de ces droits que les parents ont les uns sur les autres par la loi naturelle et par la loi des hommes, vous pourrez dire à cet abandonné qui court après une famille comme le cerf après l'eau des fontaines : « Me voilà, je t'appartiens, tu es à moi, nous portons le même nom, nous venons de la même origine, et c'est mon devoir comme c'est le tien de veiller à l'honneur commun. » Ce qu'il adviendra? c'est que nous aurons le droit de frapper à la porte qui nous est fermée et d'en chasser le tyran qui nous opprime. Ainsi, malade ou bien portant, riche ou pauvre, heureux ou malheureux, sitôt que cet ami est reconnu pour un Kinseton de votre race, il devient pour vous un objet de sollicitude. C'est pourquoi, s'il vous plaît, nous partirons tout de suite! »

Et la voilà qui se met à commander toute chose pour le départ. Elle-même elle voulut emballer la palette et la boîte à couleurs.

« C'est donc vrai, disait l'artiste, vous me ramèneriez guéri, chère Édith?

— Oui, guéri, reprit-elle, avec une famille et plus de talent qu'autrefois. »

Le peintre allait s'abandonner à toute sa joie..., il s'arrêta quand il vit la jeune fille mêler à ses plus belles robes le costume du jeune rapin Toiras, son habit du dimanche, à telle enseigne que la boutonnière portait encore un brin de serpolet qui parfumait le jardin anéanti.

Trois jours après, le jeune peintre, Édith, la vieille servante et jusqu'au chien fidèle, montaient gravement dans la diligence du Midi. On n'allait pas très-vite encore, en ce temps-là. Les chemins de fer achevaient péniblement leurs tronçons, et les diligences jouaient de leur reste. Édith, à peine installée à côté de son compagnon de voyage, poussa un grand soupir d'allégresse.

« Ah! disait-elle, enfin je vais me reposer! Convenez, mon cher ami, que depuis bientôt toute une année, Édith a fait tout le travail? Ne me vantez pas; souffrez que je me loue : Édith a gardé le courage et l'espérance. O ces hommes! ils se perdraient dans les sentiers de Meudon, ils se noieraient dans la pièce d'eau des Suisses ! Pour quelques tableaux perdus dans un atelier fondé sur le sable et la terre crayeuse, j'en connais un qui serait mort de désespoir. Pour un tressaillement de sa main droite, il ne dort plus, et tout bas il se lamente. Ainsi, croyez-moi, toutes ces douleurs sont peu de chose. Il n'y a que notre infortuné compagnon qui mérite qu'on le regrette. Mais, quel bonheur! nous voilà partis ! Bon voyage ! et laissez-moi dormir tout à mon aise, ou regarder le paysage tout en rêvant. C'est si beau, regarder! C'est si charmant, fermer les yeux et ramener à soi le paysage évanoui ! Ne rien faire ; être emportée dans les espaces ; aller à son but, sans peine et sans effort. Déjà je respire, et je vais bien ! »

Pendant tout le premier jour, ils furent à peu près seuls dans la diligence. Il y avait des voyageurs d'une ville à l'autre, et cette succession même de différents visages était encore un plaisir. Tantôt une vieille dame et sa fillette causaient à cœur ouvert; tantôt quelque gros marchand calculait sur son carnet son bénéfice à venir. Le commis voyageur, race éteinte aujourd'hui, s'emparait de la table d'hôte et déployait toutes ses grâces aux yeux de la belle Édith. Chaque village, au relais, accourait pour voir... des gens qui passent. Mme Robert et son chien faisaient les délices du cabriolet. Il y eut même un instant où le vis-à-vis d'Édith et de M. de Kinseton se composa d'une fillette et d'un jeune cousin que poursuivait, lentement, le télégraphe aux longs bras. Ce vieux télégraphe était un bonhomme ami des amoureux qui se sauvaient; si par hasard il était près de les atteindre, il détournait son bon visage et terminait sa délation par cette parole bienveillante : *interrompu par le brouillard*. Le brouillard était son complice. Ah! que de têtes innocentes le vieux télégraphe et le brouillard ont sauvées! Aujourd'hui, pauvres amoureux, plus d'espérance! Une machine impitoyable et que rien n'arrête; une incessante délation aux petits cris stridents qui prévient chaque gendarme, et marche aussi rapide que le vent pour surprendre, à l'arrivée, le jeune Desgrieux et la belle Manon Lescaut.

Quand on eut dépassé Lyon, à la montée, au moment où le Midi se fait pressentir, un voyageur jeune encore, mais plein de gravité, et portant cravate blanche, monta dans le lourd carrosse, et se plaça, sans mot dire, à côté de M. de Kinseton. Ce nouveau venu était, évidemment, très-impatient de rentrer dans sa maison, et déjà il regardait dans le lointain comme s'il eût dû l'apercevoir. A la côte d'Ampuy, au relais de la *Croix d'or*, se tenait, son bréviaire à la main, M. le curé de quelque village voisin, qui venait de dîner au presbytère, si l'on en jugeait par ses yeux un peu plus vifs que d'habitude, et par les dernières paroles que lui disait M. le curé, son hôte.

« Adieu, mon cher doyen, au plaisir de vous revoir. Attendez-moi avant quinze jours d'ici.

— J'y compte, disait le voyageur. Adieu, mon cher curé; merci, Brigitte. »

Il prit des mains de Brigitte sa petite valise, et, fouette cocher, encore une fois nous voilà partis.

Pas un de ces petits détails n'échappait aux regards curieux de la jeune Édith; mais, sitôt que ce drame errant des grands chemins disparaissait, la jeune fille, que deux jours de voyage avaient fatiguée, rentrait dans son coin et dans son repos. Alors, l'artiste la couvrait de son manteau et, les stores baissés, il l'écoutait dormir, veillant sur elle avec un souci tout paternel. La plupart du temps, les voyageurs commençaient par respecter ce sommeil pendant quatre ou cinq minutes, tout le temps que met une fille à s'endormir. Mais, cette fois, le curé, à peine assis :

« C'est donc vous, s'écria-t-il, mon cher notaire? Hé, que je suis content de vous revoir! D'où venez-vous? qu'avez-vous fait? J'ai quitté la ville ce matin même, et je puis vous en donner de bonnes nouvelles. Tout va bien. Madame votre femme était à la fenêtre et messieurs vos clercs semblaient très-occupés de leurs écritures, quand je suis passé devant votre maison. »

A ces paroles de son curé, le notaire prêtait une grande attention. Il était tout charmé de ces bonnes nouvelles de sa femme et de son étude, et comme il n'avait point parlé depuis le matin, il mit à profit l'occasion.

« Monsieur le curé, je viens de Paris, où j'ai porté une somme d'argent au compte d'un client qui m'avait chargé de lui rapporter un tableau que je n'ai pas trouvé. J'en suis fâché, car ce brave homme est bien triste, et nous ne savons plus comment le réjouir.

— Je sais de qui vous parlez, reprit le curé, votre client est l'une de mes ouailles, et je le trouve bien malade. On raconte, à son propos, de terribles aventures ; mais vous les savez mieux que moi, et puisque aussi bien nous sommes presque seuls, que la route est unie et que les chevaux marchent d'un pas égal, racontez-moi donc, s'il vous plaît, les grands changements qui ont fait de cette maison paisible un enfer, de ce chrétien un sceptique, et de cet homme bienveillant, ami de la joie et des bonnes œuvres, un véritable loup-garou? Vous savez, mon cher ami, que si je vous interroge, il y a beaucoup moins de curiosité que de sympathie et de charité dans ma question. »

Ici, le regard du notaire se porta du côté de la voiture où la jeune Édith s'était endormie sous le regard de son gardien. L'artiste semblait tout occupé de la fille endormie. Ainsi rassuré, l'officier ministériel commença son récit d'une voix prudente ; il est vrai que la voix s'élevait à mesure que grandissait l'intérêt de cette histoire. Un serrement de main apprit à M. de Kinseton qu'il n'était pas seul à écouter.

« Vous savez, monsieur le curé, qu'il y aura bientôt une dizaine d'années qu'un étranger, qui n'était pas de chez nous, se fit adjuger, au prix d'un demi-million, les belles vignes et le manoir de la côte Saint-Gilles. Il paya son acquisition argent comptant; il fit rajeunir la maison délabrée; il remplaça dans son vignoble tout le bois mort. Il fut bon aux pauvres, facile aux vignerons, et bientôt chacun l'adopta parce qu'il vendait sa récolte au prix bourgeois, sans finesse et sans cachotterie. Il disait son prix à tout le monde, et chacun le pouvait croire. Il eût rougit de cette habileté vulgaire qui consiste à dire à ses voisins un prix fictif. S'il gardait sa récolte, il ne s'en cachait pas. Au demeurant, on put voir tout de suite qu'il était un bon vigneron, qu'il se connaissait en vendanges, et qu'il savait comment on la traite, en père de famille, en digne et bon commerçant.

— C'est vrai, tout cela, reprit le curé, et je puis ajouter que ce brave homme accomplissait dignement ses devoirs de chrétien. Jamais il n'a manqué de célébrer avec nous les bonnes fêtes ; il rendait le pain bénit un peu plus souvent qu'à son tour. S'il me voyait passer sur ma jument blanche, allant et venant, du riche au pauvre, ici donnant, demandant plus loin, il se mettait sur le pas de sa porte, et m'adressant un beau salut : « Monsieur le curé, me disait-il, le manoir de Saint-Gilles n'aura-t-il pas l'honneur de votre visite aujourd'hui ? » J'entrais sans me faire prier. Qui dédaigne une hospitalité bienveillante décourage celui qui la fait. Que de fois, sous la treille épaisse et par les chaleurs du mois de juin, ai-je goûté le petit vin blanc de cette côte Saint-Gilles qui n'a pas toute la célébrité qu'elle mérite ! Et puis les beaux fruits, les belles pêches, le raisin muscat qu'il me fallait emporter au petit trot de ma Blanche bien reposée, et qui savait le goût de l'avoine des champs de Saint-Gilles ! Maintenant tout est sombre et fermé. Pas un trou à la haie où puisse un enfant se glisser pour mordre à belles dents. La porte charretière est doublée de fer. Les vignerons ont cessé de chanter. Le pauvre est négligent de ce domaine où il était le bienvenu. A peine, enfin, si parfois, le jour de Pâques, nous avons entrevu ce fidèle que j'avais nommé, *in petto*, marguillier de Saint-Dizier, notre paroisse.

« Jusqu'à présent le mal est sans remède, et le danger semble augmenter chaque jour. Ce que c'est que de nous ! Cet esprit joyeux, ce bonhomme, entouré de toutes les grâces de la vie, il semblait que rien de malheureux ne pouvait l'atteindre. Il était riche, aimé, honoré ; chacun savait que sa fortune était bien gagnée, et gagnée avec peine au fond des entrailles de la terre ; et que plus longtemps il avait habité les ténèbres, plus il aimait la vie au grand air, au grand soleil. Le charbon qu'il avait exploité lui doublait le prix de la vendange ; à l'aspect d'un espalier tout chargé des fruits de l'automne, il parlait toujours de ses frères les mineurs. Il bénissait la houille, elle avait fait sa fortune ; il la maudissait en songeant aux malheureuses créatures qui vivaient dans ces abîmes, à la pâle lueur des lampes fétides, sous la menace du feu grisou. Tout était bienveillance en ce noble cœur. Il eût volontiers salué ses cousines les alouettes et ses amis les rossignols. Son unique chagrin était de n'avoir pas d'autre famille... et pourtant, il avait fini par trouver un célèbre artiste qui portait son nom, son prénom même ; et, par une espérance infinie, il s'était attaché à ce peintre excellent. Il achetait ses œuvres chaque année; il en faisait l'ornement de son manoir. Il nous parlait de sa fille adoptive, belle comme un ange et fière comme une reine. Il achetait même les tableaux du rapin, un espiègle, et m'en faisait présent. Vous avez pu les voir dans mon salon, le portrait de ma femme au milieu. Un malheureux voyage qu'il a fait à Paris a tout perdu. Il y était resté près de six mois, et s'en revenait très-content des jours qu'il avait passés dans ce milieu sympathique; il se rappelait tant de bons rires et de bons contes, les regards joyeux de la jeune personne, et les gamineries du rapin. Il avait recueilli plusieurs indications qui devaient le conduire à retrouver sa famille... Hélas! son malheur voulut qu'il posât le pied sur la barque qui va de Lyon à Mâcon ;... au bout d'un heure, il était perdu. Une femme était là, moitié dame et moitié servante. Un tablier de toile écrue recouvrait une robe à falbalas; elle avait des mitaines et des souliers de duchesse, un jupon de marinière et un chapeau de paille d'Italie. Elle était insolente et câline. Elle attirait les uns par sa courtoisie; elle éloignait les autres par sa rudesse.

Certes, M. le préfet n'est pas homme à se rebuter d'un refus; chacun sait qu'il a dompté les plus rebelles, et sa prière est un ordre... elle le traita comme un va-nu-pieds. Mais à peine elle eut vu le maître et seigneur du manoir de Saint-Gilles, elle devina qu'elle venait de trouver un esclave, et, comme il cherchait une place pour s'asseoir, elle lui fit place à ses côtés. Elle était vraiment jeune et belle, avec les regards de la race féline : un geste insolent, une humble attitude. Elle raconta ce qu'elle voulut à cet homme enivré de sa présence. Il ne lutta pas un seul instant; il obéit au charme; il la suivit les yeux ouverts, et jugez de la stupeur universelle, quand la ville (elle assiste assez volontiers à l'arrivée et au départ de son bateau) vit cet homme, honoré de tous, donner le bras, chapeau bas, à cette étrangère dont il portait le sac de nuit. Toutes nos dames, accourues sur la jetée, et les autres, plus sérieuses, qui s'appuyaient sur les parapets du quai, restèrent les témoins muets de ce scandale, et les demoiselles à marier, les jeunes veuves, fermèrent les yeux en pleurant sur leurs châteaux renversés. Ils disparurent, elle et lui, au milieu de l'étonnement, disons mieux, du mépris universel.

« Notre histoire s'arrête là. Nous n'avons plus que des conjectures. Nous savons seulement que la fidèle servante du manoir, la brave Alison, fut impitoyablement chassée au bout de huit jours. Tous les serviteurs anciens se virent remplacés par des laquais sans place, accourus des faubourgs de Vèze. La mégère a tout envahi de sa domination sans contrôle. Elle commande, il faut obéir. On dit que plus d'une fois elle a frappé son esclave; et si par hasard le malheureux se révolte, il revient l'instant d'après implorer son pardon à deux genoux. Vous pouvez m'en croire, monsieur le curé, il est bien malheureux! Il a renoncé à toutes les joies; il a chassé tous ses amis. Les dames qu'il aimait et qu'il visitait, ces Bourguignonnes de bonne humeur et dont la maison lui était ouverte, il les évite. Ces tableaux qu'il achetait par gloire, et dont l'aspect réjouissait ses regards charmés, la mégère les enferme. Aux heures sombres où le captif va peut-être échapper à sa gardienne, elle pleure à son tour, elle se lamente, elle invoque, à grands cris, son dévouement, et, comme elle est très-belle, elle reste écoutée et victorieuse. Ainsi, ce supplice est de tous les jours, cette peine est de toutes les heures. L'isolement et l'abandon ont posé dans ces demeures, si contentes naguère, leurs tabernacles. Que faire et que devenir? Comment sauver ce pauvre homme et l'arracher à lui-même? Il est au bout de ses forces; au bout de son crédit. Ses celliers sont vides, ses foudres sont épuisés. Il a déjà vendu deux beaux enclos, l'honneur de son domaine. Encore s'il avait pour le défendre un parent, un ami, quelqu'un qui le protége... il n'a personne! Un instant, j'ai pensé qu'il avait conservé dans Paris même une famille... Vain espoir. Il aime, il est vrai, un pauvre diable d'artiste dont il achetait les œuvres autrefois, mais il paraît que ce brave jeune homme a perdu son talent, et qu'il n'est plus bon à grand chose. Ainsi, de ce côté-là encore, pas d'espoir. »

Comme il achevait son discours, le notaire entrevit, sur la route, une jeune femme et deux beaux enfants qui l'attendaient, un bouquet à la main, le sourire à la lèvre, avec des cris joyeux. Il descendit le premier, et quand le curé prit congé de lui :

« Maître Honoré, lui dit-il, vous avez raison, prions Dieu pour cet infortuné, car Dieu seul peut le sauver. »

Naturellement, ces paroles, dont le sens ne pouvait leur échapper, donnèrent à réfléchir à nos deux voyageurs. Elles éclairaient d'une lueur soudaine un mystère inexpliqué. Voilà donc pourquoi, au moment où ils s'attendaient à le voir accourir en aide à leur misère, leur ami le vigneron avait à peine donné signe de vie. Ils comprenaient tout maintenant, et Dieu sait s'ils ressentaient pour ce malheureux la pitié la plus profonde.

« Hélas! disait le jeune peintre la rougeur au visage, il a rencontré lui aussi la vierge noire, et, plus à plaindre, il n'a pas trouvé l'ange qui devait chasser le démon. »

Tout le reste de la route ne fut plus que silence et méditation. Le lendemain, de la façon la plus modeste, il entrait dans cette ville de Nîmes, où la civilisation romaine a laissé tant de chefs-d'œuvre à demi croulants. A peine à Nîmes, on eût dit qu'Édith la Romaine avait retrouvé sa patrie. Elle traversa, contente et superbe, ce pont du Gard, fait pour porter, tour à tour, des armées ou des oiseaux, tant l'œuvre est forte et légère. Elle parcourt le grand cirque, où tant de générations avaient passé, dans la gloire et dans le plaisir, des heures pleines de licence, mangeant le pain de ses maîtres, et prêtant l'oreille aux rugissements de ces lions et de ces tigres. Elle admira le bain des dames romaines, le cristal enchâssé dans le marbre, et, prêtant l'oreille, il lui sembla que Délie et Lesbie, et Lalagé, plongées dans ces eaux fraîches, applaudissaient les élégies de Properce ou les chansons d'Horace. Édith était vraiment la fille de l'antiquité, et longtemps elle fût restée en ces extases sans le souvenir de leur ami le vigneron.

De Nîmes à Montpellier, un chemin de traverse, au delà d'une pleine fertile, les conduisit sur une ligne crénelée de remparts surmontés par une tour gigantesque. Il fallut traverser le Vidourle, une petite rivière qui sert de limite entre le département de l'Hérault et celui du Gard. Plus on avance, et plus la terre est aride et sablonneuse. Encore un pas, vous rencontrez de vastes marais couverts de roseaux; à peine si quelques oiseaux de mer traversent parfois ces solitudes. Vous découvrez enfin, dans ces marécages, une longue chaussée que semble défendre une tour carrée ouverte en arceaux. Voici la tour, voici la chaussée et voilà les anciens remparts d'Aigues-Mortes. Tout est mort, en effet, dans ce lieu de désolation. Les eaux font silence, les marais sont inertes, le territoire est brûlé, les créneaux sont tombés. Vous diriez un désert de l'Afrique ou du nouveau monde. A peine, çà et là, des bouquets de sapins sauvages, entrecoupés de lisières de sable et de bandes humides. Ronces et broussailles, joncs et roseaux, salicornes et tamaris, voilà toute la végétation de ces régions douloureuses. Le sol est infesté de reptiles, des nuées d'insectes altérés de sang tourbillonnent dans les airs. Des taureaux sauvages parcourent furieux ces maquis, et semblent menacer le voyageur assez hardi pour les attendre. Des chevaux sans maîtres cherchent leur vie à travers l'herbe salée des marécages. Les feux du tropique font resplendir au loin les sables de ces déserts, semblables aux nappes d'eau du mirage égyptien. De longues salines signalent seules le passage et le travail de l'homme en ces lieux redoutés. Ces lieux ont pourtant une histoire. Il en est parlé dans la vie de Marsius et dans la vie de César. Les Sarrasins, battus par Charles-Martel, ont traversé, dans leur fuite, ces marécages. Une abbaye avait remplacé toutes ces forces passagères. Un jour vint qui vit le roi Louis IX creuser le port d'Aigues-Mortes et s'embarquer pour la croisade, après avoir rasé le donjon féodal de Roger du Clorège. Il allait, précédé de l'oriflamme, et dominant de sa haute taille les chevaliers qui formaient son cortége : Hugues de Saint-Pol, Geoffroy de Sargines, Gaston de Goutant-Dervic, Roland de Cossé, Gaucher de Châtillon, poëte et soldat; Roger, comte de Foix; Gaston de Béarn; Guyet-Philippe de Montfort, Pons de Villeneuve, Olivier de Termes, Trencavel, vicomte de Béziers; les sires de Turnon, de Crussol, de Mailly; le vicomte de Polignac; le chevalier de Montlaur, le chevalier de Kinseton. A ce nom de Kinseton, glorieusement mêlé aux plus grands **noms** des croisades, Edith et son compagnon de voyage eurent un moment de joie et d'espérance. Évidemment, le jeune peintre était de race guerrière; il appartenait à ce pays féodal qui avait contenu tant de milliers de soldats dont les armes et les boucliers resplendissaient au soleil, tant de vaisseaux venus de Gênes et de Venise. Ici l'oriflamme avait déployé toutes ses splendeurs, mêlée aux étendards des barons et des chevaliers, pendant qu'au *Veni creator Spiritus*, s'élevait jusqu'au ciel le bruit des fanfares. Spectacle d'un jour, souvenir immortel !

Les deux premiers jours de leur arrivée, Edith et le jeune peintre les passèrent à chercher leur voie, à s'informer, et surtout à s'établir convenablement dans ces ruines. Ils finirent par rencontrer, à l'abri du Grau-Louis, qui est un rocher formidable, une humble maison, composée, au rez-de-chaussée, d'une chambre et d'une ancienne boutique de barbier; le premier étage était partagé en deux chambres bien distinctes, qui semblaient faites pour loger la maîtresse et la servante. Là, ils s'établirent, très-contents de se voir à l'ombre, à l'abri, et pressentant que leur voyage ne serait pas inutile. Kinseton savait déjà que son nom appartenait à la noblesse de la cité; il sut bientôt qu'une de ses parentes, la révérende abbesse Marie de Kinseton, vivait très-retirée, et plongée dans la plus extrême dévotion, dans le couvent des dames de la Visitation d'Aigues-Mortes, et l'on ajoutait qu'il serait bien difficile de pénétrer dans le couvent. Le jeune homme était prudent; il ne voulait rien brusquer, il savait attendre et favoriser l'occasion. Enfin, il lui répugnait de se montrer à sa parente, non pas comme il était naguère, un grand artiste, entouré de tous les honneurs de la peinture et maître absolu de son talent, mais comme un maître inhabile et vaincu, dont le nom déjà était presque oublié. Enfin, le dirai-je? il avait foi dans la parole de sa vaillante pupille, et sitôt qu'ils furent installés :

« Voici le moment, lui dit-il, ma chère Edith, de me rendre enfin la force et la sécurité que j'ai perdues, ou que je sache au moins si vraiment il n'y a plus d'espoir? »

A cet appel suprême, Edith répondit par un sourire. Elle fit apporter dans l'appartement d'en bas une terre convenable au sculpteur. « Et maintenant, cher maître, ayez confiance! Affermissez dans cet argile votre main tremblante encore, et vous aurez bientôt retrouvé assez d'énergie et de puissance pour commander à ces nerfs qui vous inquiètent, ou, tout au moins, ne pouvant plus être un grand peintre, aurez-vous l'honneur de devenir un grand sculpteur. » Kinseton fut tout d'abord persuadé que le remède à son mal était trouvé. Ce n'était pas la première fois qu'il était entré dans les domaines du sculpteur ; il avait produit, en se jouant dans la glaise, plus d'une image que Pradier eût signée volontiers. C'est le jeu des peintres de jouer à la sculpture, et le jeu plus dangereux des sculpteurs de tenter les hasards de la grande peinture ; il est très-vrai d'ajouter que bien peu ont excellé dans les deux arts.

Mais le jeune peintre n'était pas en position d'être si difficile. Il adopta, plein de furie, un projet qui devait le sauver. A l'aspect de cette terre obéissante, il sentit l'inspiration lui venir, et pas un instant il ne fut en doute du succès de son entreprise.

A ce degré de puissance et d'inspirations, peintre et sculpteur, c'est la même chose. Il y faut le même génie, et le même modèle peut servir. Après le premier travail, déjà le peintre ne tremblait guère. Il tenait son crayon d'une main plus ferme, et, pour que son œuvre fût complète, il posa sur son chevalet la toile qu'il avait essayée, mais en vain, de couvrir d'une vie inespérée. « O mon Dieu ! disait-il, soyez béni, me voilà peintre et sculpteur. » Mais toujours, par reconnaissance, il revenait à sa terre. « Edith, disait-il, posez-vous là, devant moi, que

je commence par réaliser mon plus beau rêve ! »
Et la jeune fille, sous sa couronne élégante d'acanthe et de pampres verts, représentait la belle déesse de la Jeunesse au banquet des immortels. Vraiment l'artiste était ravi le premier de cette apparition qui sortait, souriante et rêveuse, de ce bloc inanimé.

Cependant, la porte des Visitandines était rebelle à la volontaire Edith. La dame qu'elle cherchait n'était rien moins que l'abbesse elle-même, et son ordre était absolu. Toutefois, comme on célébrait une fête de la Vierge, au milieu des fleurs et des cantiques, Edith, s'étant confiée au vieil organiste, chanta d'une voix si touchante, et dans le véritable accent des élèves de Porpora, le cantique de Stradella, quand le musicien fugitif d'un père irrité fait tomber le poignard des assassins qui le cherchent, et qui l'ont suivi jusque dans l'église. Alors, cette fois encore, émue par cette voix pleine de larmes, l'abbesse des Visitandines appela près d'elle la chanteuse inconnue, et, quand elle la vit à ses pieds, la contemplant d'un regard si tendre : « Chère enfant, dit-elle enfin, qu'as-tu donc ? quelle peine ? et que veux-tu ? »

Alors Edith s'expliqua en toute franchise, disant que son père était un vagabond qui l'avait confiée à un artiste de ses amis. Bien qu'elle fût sûre d'être une fille légitime, elle n'avait jamais connu sa mère. Elle n'avait pas eu d'autre abri de ses premières années que la villa Médicis, un palais de Rome où la France envoie, à ses frais, chaque année, les maîtres peintres, musiciens et sculpteurs. Son père avait été l'un de ceux-là; son talent, disait-on, était plein d'avenir; mais, emporté par ses passions, il avait brisé palette et pinceaux, et s'était mis à courir le monde, oublieux de sa femme et de son enfant. Les Français de Rome, et surtout les hôtes de la villa Médicis, parlent encore aujourd'hui de cette histoire; et voilà comment, adoptée par l'un des amis de son père, elle avait trouvé dans la maison de ce jeune homme une adoption toute paternelle, au milieu des respects les plus dévoués.

Ici, la jeune fille s'arrêta, tremblant d'en trop dire; et la vieille, attentive à ce touchant récit :

« Pourquoi, ma fille, t'arrêter en si beau chemin ? lui dit-elle.

— Hélas! madame, répondit Edith, c'est que voici l'heure où notre destinée, incertaine encore, se dessine et se décide au fond de votre esprit. Voilà pourquoi j'hésite. Enfin, ma dernière espérance est morte, si vous restez indifférente au nom que je vais vous dire, au nom de mon père adoptif, le jeune peintre Nicaise de Kinseton. »

La dame, à ce nom, resta silencieuse. Une rougeur légère envahit ce visage pâli par la prière.

« Et pourquoi, dit-elle d'une voix très-nette, refuserais-je de reconnaître un enfant de ma maison? Celui que tu appelles ton père adoptif était le propre fils d'un homme dont j'étais la grand'-tante, et je suis tout heureuse et fière de le savoir honnête homme, intelligent, et respectant la fille de son adoption. Ce n'est donc pas là ce qui t'inquiète. Allons! courage et pas de demi-confidences.

— C'est que, voyez-vous, madame, il ne s'agit pas seulement de Kinseton le peintre : sa vie est faite; il a subi, pour un artiste tel que lui, la plus douloureuse épreuve, il vient de s'en tirer à sa gloire. Il s'agit d'un autre Nicaise de Kinseton, notre ami, s'il n'est pas notre parent, très-brave homme et très-malheureux, malheureux sans rémission peut-être, à moins qu'il ne retrouve une famille qu'il a perdue, et pour laquelle il n'a pas d'autre indication que le nom et le prénom qui lui ont servi à nous répondre. Ainsi, mon père adoptif et moi, nous vous prions en grâce, aidez-nous à retrouver les preuves d'une filiation qui nous échappe. Il est du nord, ce Kinseton sans famille, et les vrais Kinseton appartiennent au midi.

Il est le fils du naufrage et de la tempête, et nous sommes nés ici, dans les salles du roi saint Louis. Il est seul et, malheureusement, sans dépendance. Il faut le sauver en lui donnant une famille. »

Edith cessa de parler ; la vieille dame, après un silence :

« Maintenant, que l'âge austère et le sévère aspect des choses humaines m'ont guérie de tout orgueil, il ne m'en coûtera pas davantage, dit-elle, pour reconnaître en ce Nicaise de Kinseton le fils perdu de M. de Kinseton et d'une servante bretonne, dont la mésalliance a jeté parmi nous autant de honte que de chagrin. Nous étions, dans ce temps-là, mon enfant, une famille implacable, et Dieu, qui fait bien tout ce qu'il a fait, nous a justement imposé les plus formidables épreuves. Tous ces nobles, si fiers de leur fortune et de leur noblesse, ont été soumis à la nécessité. Leurs terres vendues, leurs châteaux rasés, leurs têtes coupées, leurs noms détruits, ou tout au moins le baron devenu peintre, ou le marquis musicien : voilà notre histoire, et notre injustice est de n'avoir pas compris ces leçons sévères. Il est vrai que, cet aîné des Kinseton ayant disparu dans un naufrage sur les côtes de la Bretagne, nous avons cru que son enfant était mort avec lui ; mais il faudra s'en rapporter aux preuves que vous avez recueillies, à ma déclaration, aux papiers que j'ai gardés. La Terreur a brisé tout le reste. Et maintenant que nous avons parlé sérieusement, va-t'en me chercher mon petit-fils que Dieu me ramène, et que je le serre entre mes bras avant de mourir. »

La jeune Edith, en toute hâte, ouvrit la porte qui donnait dans le sanctuaire, et, prenant par la main son compagnon, qui l'attendait en regardant une statue du gothique flamboyant, elle le conduisit dans le parloir, où la sainte femme, impatiente, les attendait pour les bénir. Ils restèrent jusqu'au soir, et ils emportèrent, tout à la fois, les archives de la maison de Kinseton et la bénédiction de la vieille dame.

Ils revenaient tout charmés et tout pensifs de cette aventure accomplie. On entendait au loin les dernières gronderies du Rhône, et le flot flottant de la Méditerranée éclatante de tous les feux d'un ciel radieux. La soirée était pleine, à la fois, de prière et de parfum. C'était l'heure où Lamartine, un poëte inconnu, chantait à l'étoile un cantique mystérieux. Tout à coup, comme ils approchaient vers leur demeure, Edith et son tuteur entendirent un bruit charmant de voix jeunes et sympathiques, mêlées à l'accompagnement strident des luths et des guitares. On chantait comme on chante à Venise, à l'heure où l'Adriatique est libre, ou, comme à Vérone, à l'heure de Juliette attendant l'amoureux qui va venir. Edith et M. de Kinseton s'arrêtèrent sans rien comprendre. Enfin ils découvrirent que la nocturne sérénade et l'enchantement de ces belles voix s'adressaient, par la fenêtre ouverte, à la tête à peine éclose sous la main ferme et légère de l'artiste N. de Kinseton. Elle était si vivante et si charmante! Une fille aux yeux baissés, un front voisin de l'étoile, un sein qui vient de naître, et la lune à travers la couronne de pampres brisant ses rayons si calmes et si doux. Quels regards bienveillants avaient découvert ce chef-d'œuvre, et quelles mains dévouées l'avaient posé sur ce piédestal tout couvert des fleurs de la saison nouvelle? Il y eut bien vite une explication à ce grand mystère. Une dizaine d'artistes et de compagnons, dignes enfants de l'Italie, avaient entrepris leur tour de France, et venaient de débarquer sur la plage d'Aigues-Mortes, au lieu même où débarquèrent au mois d'août 1250 Alphonse, comte de Poitiers, frère du roi, Jeanne de Toulouse, sa femme, et sa belle-sœur Mathilde de Brabant, comtesse d'Artois. Cette fois, la compagnie était moins brillante, mais elle faisait, pour le moins, autant de tapage. Ces *croisés* de la poésie et des beaux-arts, porteurs des noms les plus vulgaires, mais dont plusieurs seront célèbres, allaient pauvres mais inspirés, chantant, regardant, admirant. Pour ces enthousiastes de vingt ans, le chemin était facile; à leur aspect s'ouvraient toutes les portes; il n'était pas de musée assez intime qui échappât à leur recherche, à leur admiration. Comme ils traversaient la place où logeaient nos deux jeunes gens, ils découvrirent, par la porte entr'ouverte, ce merveilleux buste à peine achevé, et, l'ayant admiré tout le jour, ils avaient résolu de le chanter tout le soir. Voilà d'où venait le concert. Edith et son sculpteur en furent tout charmés.

« Amis et compagnons, disaient-ils, la maison est trop petite pour vous contenir, mais nos voisins vous dresseront des tables dans la rue, et vous boirez jusqu'à demain à la santé de Nicaise de Kinseton. »

Ce nom seul réveilla toutes les sympathies et fit râcler de nouveau les guitares. Le chef de cet orchestre ambulant était un bon vivant, d'un beau visage éclairé de grands yeux noirs, plus âgé de moitié que tous les autres. Sous ses cheveux grisonnants, l'inspiration vivait encore. A ce nom de Kinseton, on put voir que ce gai bohémien était saisi d'un attendrissement inexplicable.

« Ah! c'est bien toi, s'écria-t-il en l'étreignant de ses deux bras nerveux, toi, Kinseton, le grand peintre, le grand sculpteur; double miracle! Et moi qui ne t'avais pas reconnu! O grâce et beauté! reprenait le vagabond s'adressant à la tête angélique, et moi dont le cœur a battu si fort te retrouvant dans ce coin du monde, sous la couronne des bergers de Virgile, ô ma fille! ô mon enfant abandonnée et retrouvée! il faudra bien que tu pardonnes à ton père en faveur de son repentir! »

Cet homme, en effet, demi-poëte, à demi musicien, peintre et sculpteur tout ensemble, était le père de la jeune Edith. Il riait, il pleurait :

« Mon enfant! mon enfant! disait-il. J'étais parti justement pour te rejoindre et te revoir! »

Quelle scène heureuse et quelle aimable confusion!

Le lendemain était un dimanche, et nos chanteurs d'Italie, envahissant l'autel, apportèrent à la dame abbesse, en façon d'offrande et d'*ex-voto*, le buste de la jeune Edith, orné de cette inscription: *Sancta Maria, ora pro nobis*.

En recevant ce chef-d'œuvre au nom de Nicaise de Kinseton, à l'aspect de cette admirable tête, empreinte à la fois d'innocence et de jeunesse, la vieille et sainte abbesse éprouva plus de contentement qu'elle n'en avait ressenti dans toute sa vie. Elle comprit toute la grandeur, j'ai presque dit la majesté du grand art, et que l'artiste est pour le moins l'égal des fils de saint Louis. Ainsi fut dissipé le dernier nuage en cet esprit superbe. Elle se glorifia de son nom glorifié.

« Mes enfants, disait-elle à ces peintres barbus que le soleil avait brûlés, permettez que je vous remercie. »

Et comme elle était restée en son humilité, sous ses voiles, une dame noble, elle donna à ces bandits cent louis pour boire à la santé de la mère supérieure des Visitandines : Marie, baronne de Kinseton.

La bande joyeuse eut bientôt fait de se dissiper, chacun retournant à ses besognes, à Rome, à Bologne, à Florence. En toute hâte, aussitôt qu'ils eurent respiré l'air natal, les artistes parisiens poussèrent vers Paris, où les attirait, par son charme invincible et tout-puissant, le Louvre immense et radieux. Le Louvre! après le soleil, il n'y a rien de plus grand pour les âmes amoureuses de l'idéal; une suite immense de révélations remplit ces voûtes sublimes, chaque pas fait surgir un chef-d'œuvre. Alors, quoi d'étonnant que le miracle, un instant oublié pour d'autres miracles, ait soudain repris toute sa puissance et reconquis toutes ces âmes vagabondes? Voilà comment, les adieux étant faits, nos voyageurs se retrouvèrent seuls, renforcés par ce charmant bohémien qui reconnaissait la jeune Edith pour sa fille. Il arrivait à la bonne heure, on avait besoin de son aide. Tous les trois ils prirent place en quelqu'une de ces grandes barques, traînées par des chevaux vigoureux, qui remontaient le Rhône en ce temps-là, jusqu'au moment où la Saône, à son tour, prenait les voyageurs sur des barques plus légères. C'était le dernier moment des longs voyages pleins de confidences et de loisirs. On avait le temps de se reconnaître et de se raconter ses histoires. Le bon Cervantes le savait bien, lorsqu'il donne pour monture à ses héros Rossinante et le Grison, son camarade. Ils allaient au pas, forcément, dans le pays des fictions, cherchant et retrouvant les aventures. Inventez un chemin de fer à travers les Espagnes, ou même entrez dans les sentiers de la Sierra-Morena au galop de deux chevaux anglais, soudain disparaît l'enchantement du voyage. Il n'y a plus d'hôtellerie, et sur le seuil joyeux, plus de seigneur hôtelier. Les revenants disparaissent de ces sentiers frayés. La Dorothée aux pieds blancs, qu'elle baigne au fil de l'eau, n'attend plus le jeune Stenio, que l'amour a rendu fou. Lui-même, Ginès de Pasamont, tombe en vingt-quatre heures dans les mains de l'alguasil. Le monde ancien allait lentement; l'ancienne fable aimait l'amble, ou mieux encore le voyage à pied. Ces douces rivières, ces beaux chemins qui marchaient tout seuls, portaient d'un monde à l'autre une suite d'histoires qui ne seront pas remplacées. A peine aujourd'hui si les plus beaux fleuves, brillants de mille feux à travers les coteaux couverts de pampres, servent à transporter la houille et la pierre de taille. Ils ont oublié les chansons du voyageur, les gais sourires de la fillette errante, et les joyeux jurons du soldat qui revient de la guerre ou qui s'en va la chercher au milieu du tonnerre et des éclairs.

Donc nos voyageurs, remontant l'eau profonde, se racontèrent à loisir toutes les choses qu'ils devaient savoir : comment la jeune Edith était la fille légitime du peintre Malvoisin et d'une jeune Transtéverine; comment, à peine unis, et leur enfant à peine au monde, ces deux mariés de mauvaise humeur et de mauvaise volonté s'étaient séparés pour ne plus se rejoindre ; comment elle avait délaissé même sa fille, et s'était enfuie on ne savait dans quels abîmes.

« Ma fille, en ce temps-là j'étais bien jeune, j'avais à peine dix-huit ans de plus que toi, je n'étais bon qu'aux choses inutiles. Si je t'ai tout de suite aimée et tout de suite adoptée, eh bien ! c'était par hasard. Et maintenant, je suis tout disposé, si tu le veux, à t'aimer sérieusement. Je suis un bon homme, et, s'il plaît à Dieu, je finirai par me corriger de ma jeunesse éternelle. »

Il mit deux jours à faire cette confidence, et dans ces deux premiers jours on ne lui en demanda pas davantage. Ils étaient plongés les uns et les autres dans une ineffable contemplation : la jeune fille en songeant aux heureux qu'elle allait faire; M. de Kinseton plein de gloire à l'aspect de sa main droite obéissante et légère autant qu'autrefois; Malvoisin regardant tour à tour sa fille et le paysage.

« Ah! qu'elle est belle! disait-il, et que voilà de riches coteaux, tout chargés de la vendange empourprée aux feux du jour! »

En même temps, il suivait d'un œil ravi le dessin de son confrère, ou bien, prenant sa guitare, il chantait à l'écho des cantilènes de sa composition. Il avait fait les paroles, il avait fait la musique, et vraiment, dans ces petites choses que le vent emporte et ne ramène point, il était un homme de talent.

Une fois, qu'il semblait perdu dans son extase et dans ses souvenirs, Edith l'arrêta au beau milieu de son discours.

« C'est bel et bien, disait la jeune fille, mais tout ce roman ne nous explique pas, mon cher père, l'abandon de votre fille, et que vous ayez été si longtemps sans la revoir. »

—Je le voulais tous les jours, reprit Malvoisin, je songeais à ma fille et je songeais à mon ami Kinseton. Je rencontrais à chaque instant des Gallo-Romains qui me donnaient de vos nouvelles. Je faisais des tableaux dont j'attendais fortune et renommée, et je me voyais déposant sur le front de ma fille bien-aimée une couronne d'or. Songes et tableaux inachevés ! D'autres fois, je voulais vous rejoindre et partir tout de suite, et vivre à vos dépens en faisant les ciels dans lesquels j'excelle, avec les meubles et les manteaux, tout l'accessoire. Oui-dà ! je ne suis pas maladroit. Mais ces têtes inconstantes et malades, on dirait l'aile agitée à tous les vents. Enfin, l'Italie a tant de charmes, et Rome est si naturellement l'asile auguste des talents médiocres et des musiciens de ma force ! Rome est remplie de connaisseurs qui ne s'y connaissent pas. Là se rencontrent des Russes, des Anglais, des Allemands, qui ne se gênent pas pour acheter des Raphaël et des Titien de la deuxième phalange. Eux-mêmes, en dépit de toute leur prétention, messieurs les Italiens, ne sont pas de très-grands connaisseurs, et quiconque en a peur les honore au delà de leurs mérites.

« En vingt-quatre heures on arrange un livret à leur taille, en six semaines on en fait la musique ; une fois l'opéra bâclé, on le joue en quatre ou cinq villes principales, pendant tout le carnaval, après quoi les tréteaux s'en emparent, et l'on recommence aux premiers jours d'avril. Rien n'est plus simple. On est, là-bas, un grand homme à bon marché. On y rencontre un tas de petits princes qui vous donnent, à foison, les croix de chevaliers, les clefs de chambellan, parfois même un diamant de cent écus ou quelque tabatière à leurs armes. Voulez-vous être un baron? Vous l'êtes; mais les droits du sceau y feront obstacle. Enfin, que vous dirais-je? Il y a l'imprévu, là-bas, pendant que chez nous tout est arrangé, coordonné et fait d'avance.

« Au bout du compte, ma chère Edith, pourquoi grondez-vous? Me voilà. Je vous cherchais quand je vous ai rencontrée, et Dieu sait que je vous ai reconnue à votre sourire. »

Ainsi le père et la fille, à force de s'expliquer, finirent par découvrir que la conduite de Malvoisin était la plus naturelle du monde. Pas une seule fois le nom de la mère et de l'épouse ne fut prononcé dans ce double épanchement. Le nuage et le mystère était là; nulle autre part. C'était comme un abîme infranchissable. Edith soupirait, son père souriait.

Cependant nos voyageurs se hâtaient. Edith et Kinseton se sentaient attirés par leur ami le vigneron ; il leur semblait parfois qu'ils entendaient sa plainte :

« Oh ! mes amis, venez à mon aide ! Accourez ! je meurs ! Ramenez avec vous le calme et la paix de mes beaux jours ! »

Et voilà comme, en toute hâte, à peine arrivés à Lyon, ils repartirent le lendemain pour Châlons, portés par un flot plus paisible. En ce moment, le voyageur, bercé, après tant de bruit, dans ces eaux silencieuses, et passant du torrent dans la douce rivière, éprouve un grand repos ; il se sent à l'aise ; il cause avec lui-même. On dirait que le calme et la fraîcheur du nouveau fleuve envahit l'âme et la mène au-dessus des nuages. Toutefois, le ciel, radieux jusqu'alors, s'était quelque peu voilé ; le vent soufflait des montagnes du Dauphiné. Le silence avait envahi peu à peu nos voyageurs. Assise en un coin du bateau, la jeune fille songeait aux événements passés, et contemplait, sans trop de peur, l'avenir qui s'ouvrait devant elle Etonné de ce grand calme, auquel il n'était guère habitué, Malvoisin revint bien vite à son contentement de tous les jours.

« Pardieu ! disait-il à son ami Kinseton, si l'on se laissait faire, on retomberait bien vite dans le sérieux. Ce ciel est triste et ces montagnes me paraissent toutes solennelles. Quelle rage avez-vous de remonter ce fleuve au flot monotone? Avez-vous juré de n'arriver jamais ?

— Mon cher ami, reprit Kinseton, vous ne croyez pas si bien dire; en effet, nous voilà tombés dans le sérieux. Notre œuvre, en ce moment, est de venir en aide à mon premier protecteur, à mon meilleur ami, à mon digne parent, Kinseton le vigneron. Ce long chemin que j'ai fait avec votre fille Edith n'avait pas d'autre but que de retrouver les titres de ce brave homme, et mon droit de lui venir en aide. Il est tombé, m'a-t-on dit, dans les piéges les plus dangereux. Une femme indigne a jeté ses plombs sur mon malheureux cousin; elle l'a séquestré dans sa propre maison; elle l'a séparé de ses amis, de ses voisins; elle a dévoré à belles dents ce riche héritage. En vain mon infortuné parent se débat dans les liens de cette horrible fée.... il succombe; en vain il appelle à son aide..... il est à bout de ses forces : si puissante est une mauvaise femme à torturer un cœur malheureux!

— A qui le dites-vous! reprit Malvoisin. Une mauvaise femme, il n'est rien de pire; elle est la honte et le désordre, elle est la ruine. On se maudit soi-même en voyant dans quelle abjection l'on est tombé. Mais, malheureux, essaye un instant de rompre ces liens qui t'accablent, ton lien se resserre, et la chaîne est plus pesante. Ah! je connais ce joug terrible. Il a pesé trop longtemps sur ma tête, et, quel que soit le tyran de votre ami Kinseton, je ne crois pas qu'on le puisse jamais comparer à feu Mme Malvoisin. En voilà une qui était habile dans l'art de torturer un honnête homme! Elle avait tous les secrets qui font d'un mauvais ménage un véritable enfer. Même, à certains traits que vous me dites, je ne serais point étonné que votre ami ne fût en proie à quelque élève et disciple de Mme Malvoisin. Regardez-moi! Rien qu'à parler de cette dame, il me semble que j'en suis tout pâle. Ainsi, mon très-cher, ne comptez pas sur moi pour affronter le Minotaure. J'ai trop combattu pour mon propre compte, et tant pis pour l'imprudent qui s'est laissé prendre en ces tristes filets. »

Quand ils eurent ainsi parlé, nos deux voyageurs rentrèrent, chacun de son côté, dans sa muette contemplation. Une ineffable épouvante semblait dominer ces deux amis qui revenaient des pays joyeux. On ne sait quel mystère, en ce moment, s'emparait de ces deux hommes. Plus ils approchaient du rivage, et plus l'instant leur paraissait solennel.

A la fin, sur les huit heures du soir, la barque s'arrêta ; ils étaient arrivés à bon port. Une voiture attelée de deux chevaux blancs attendait, sans nul doute, un voyageur qui allait venir. Chose étrange! le cocher de cette calèche aux chiffres N. K., voyant arriver le jeune peintre qui marchait le premier :

« Bon, dit-il, voici mon maître. »

L'artiste, étonné, allait répondre, lorsqu'il s'aperçut, à l'empressement des curieux, qu'on le prenait, en effet, pour son cousin le vigneron, et, sans mot dire, il fit monter Edith et son père dans le carrosse, et monta lui-même sur le siége. Le cocher était en deuil, mais le jeune peintre n'eut pas le temps d'en faire la remarque, et, prenant les deux guides, il se laissa conduire où les les chevaux devaient aller. Cela se fit en moins de temps qu'on n'en met à le dire, et cependant la foule émue eut comme un tressaillement de funeste augure. Un petit chien qui venait d'assez loin, si l'on en jugeait à son allure, eut bientôt fait de grimper sur les genoux de Kinseton avec des cris de joie.

« Ah! disait Edith, voilà notre petit Brack. »

Et ce nom, prononcé par la douce voix, sembla redoubler l'épouvante des curieux. Toutefois, les chevaux, allant au grand trot, traversèrent le village, et Kinseton reconnut très-bien, à sa fenêtre, le notaire son camarade de voyage. Sa femme était à son côté, et, l'un et l'autre, ils restaient bouche béante, épouvantés de cette rencontre inattendue. Un quart d'heure après, ils entrèrent dans une route entre deux haies, obscure et profonde, et l'équipage s'arrêta au perron d'une maison de belle apparence, mais triste et silencieuse. Un valet, qui sortit de l'écurie, éprouva un tel saisissement à voir l'homme qui tenait les rênes des chevaux, qu'il se laissa choir sur un banc de gazon. Edith et son père, précédés de Kinseton, montèrent ce perron sans lumière. Une servante ouvrit la porte, et se prit à pleurer à l'aspect des nouveaux venus.

« Mon maître! Ah! mon maître! »

Et ses sanglots d'éclater. Alors tous les trois, ils se regardèrent, épouvantés à leur tour.

« Il faut, dit Kinseton, que nous soyons le jouet de quelque interprétation malheureuse. Entrons cependant. Nous saurons bien vite à quoi nous en tenir. »

Et comme ils entraient, précédés de la jeune servante, qui tenait de sa main tremblante une de ces lampes à l'antique façon romaine, et telles que les mineurs les ont conservées pour l'exploitation de la houille, ils aperçurent une femme en grand deuil qui venait au-devant d'eux avec un sourire. Evidemment, cette femme attendait un autre homme que M. de Kinseton. Ce peu de lumière éclairait à peine le nouveau venu, Edith et son père restant dans l'ombre, et la femme en deuil s'y prit à deux fois pour se rendre un compte exact du fantôme qu'elle avait devant les yeux. Elle aussi, la voilà pâle et tremblante. M. de Kinseton la reconnut tout de suite à sa beauté, et surtout à certains signes de méchanceté qui ne pouvaient échapper au disciple de Titien et de Vélasquez. Il prit la lampe, et la portant sur ce visage où se peignaient toutes les terreurs :

« Voulez-vous, dit-il, me dire à qui donc appartient ce logis, ce qui s'y passe, et quel homme ici vous attendiez ? »

Certes, elle était bien hardie, elle jouait depuis longtemps un rôle abominable, elle avait exercé toutes ses fureurs contre un homme innocent et sans défense ; mais, interpellée à voix si haute et si solennelle par ce fantôme, et trouvant au fantôme une si complète ressemblance avec le malheureux qu'elle avait torturé, cette femme aux abois resta sans haleine et les yeux hagards. Par quelle fascination elle retrouvait, elle aussi, dans le Kinseton vivant les traits du Kinseton mort depuis quinze jours ? La conscience explique seule ces funestes visions. Cette femme était en proie au remords. Elle attendait un homme d'affaires, soudain voici qu'elle voyait venir l'image exacte d'un portrait dont sa demeure était remplie, et, par une confusion très-naturelle, elle prenait le vivant pour le mort. Mais pensez donc si son épouvante augmenta quand, tout à coup, dans l'ombre, elle aperçut, mais cette fois ce n'était pas une illusion, son mari légitime ? Il la regardait de ce regard triste et dédaigneux qu'elle avait si souvent entrevu dans ses rêves. Il était là, devant elle, attristé, méprisant. Une grande pitié se lisait sur ce beau visage, une immense douleur. En retrouvant, soudain, cette femme éperdue et balbutiant une humble excuse au mort qu'elle avait torturé si longtemps, Malvoisin revit d'un coup d'œil tous les maux que lui-même il avait soufferts. Il avait aimé de tout son cœur cette misérable ; il avait jeté à ses pieds ses plus belles années, et maintenant il comprenait qu'elle allait expier tous ses crimes. C'était donc pour elle qu'il avait peur.

Comme ils étaient tous les quatre à se contempler, sondant l'abîme, une porte s'ouvrit et le voisin Guillaume, un vrai Bourguignon :

« Est-ce vrai, dit-il, mon compère, que tu ne sois pas mort ? Embrassons-nous, et vidons, s'il te plaît, l'une des vingt-cinq bouteilles que tu gardes pour célébrer la bienvenue et le séjour parmi nous de ton peintre favori.

Le bon Guillaume, en ce moment, ne se tenait pas de joie, et quand il vit que son rêve était.... un rêve :

« Au fait, dit-il, pardonnez-moi, mademoiselle et messieurs, ce moment trop court d'une illusion cruelle. Ah! j'aimais comme un frère ce brave Kinseton! Tant qu'il fut libre et content, si vous saviez quelle aimable maison! Comme on se plaisait dans ces salons remplis de belles choses, dans ces jardins où la rose et l'œillet luttaient avec avantage contre le raisin muscat! Avons-nous passé de belles heures à boire à petites gorgées de ce vin blanc qui n'a pas son pareil dans tout le Mâconnais! Mais cette femme (il la désignait d'un doigt irrité), cette femme a tout perdu. Elle a vendu les récoltes, elle a chassé les amis, elle a forcé ce pauvre homme à se tuer de ses propres mains. »

Et comme il entendit sangloter la pauvre Edith :

« Oui, mademoiselle, une seule femme a rempli ces beaux lieux de funérailles. La mort, sans pitié, sans respect, occupe, en ce moment, cet enclos de la joie, et nous voilà remerciant le fantôme de mon pauvre ami, s'il nous aide à purifier ce toit si longtemps paisible, et si triste aujourd'hui. »

Cependant, la jeune servante avait allumé les flambeaux du salon. La femme en deuil avait disparu, et le bruit d'une voiture indiquait une fuite dans la montagne. Le voisin Guillaume, interrogé peu à peu, raconta ce qu'il savait de ce long martyre. Il avait été le confident de toutes les peines que ce pauvre homme avait souffertes, toujours chassé par sa furie et ramené par la passion. Il brisait sa chaîne, et venait la reprendre; accablé des mépris de cette femme, il s'enivrait de ses regards. Il la laissait, chez lui, la maîtresse absolue; elle disposait de toute chose; elle chassait les domestiques, elle insultait les amis. Le malheureux Kinseton dépérissait chaque jour; sa faible raison devenait impuissante à le consoler. « J'en mourrai, disait-il, j'en mourrai! » Il y avait parmi ses curiosités une belle arme, un pistolet ancien, damasquiné en or. Un soir, en se jouant, il se fit sauter la cervelle, et plus la chose était difficile avec une pareille arme, et plus il compta que sa mort volontaire serait prise pour un accident.

Le voisin Guillaume aimait à parler, il parlait bien. Il eût inventé, au besoin, le droit d'interpellation. Il entra tant qu'on voulut dans le chemin des plus déplorables révélations.

« Mais enfin, disait le jeune peintre, cette femme a disparu! Sommes-nous sûrs de la retrouver?

— Certainement, disait le voisin Guillaume; on la retrouvera dans la montagne, chez le vigneron Bernard. Mme Bernard, la vigneronne, est une bonne nourrice, et voici huit jours qu'elle allaite un jeune gars, sans père ni mère, qui fera quelque jour un gros héritier. »

Quand ils n'eurent plus rien à tirer du compère Guillaume, nos trois voyageurs se retirèrent dans leur chambre. Edith et Kinseton reconnurent chacun son appartement à la description que leur en avait faite leur ami le vigneron.

Le lendemain de cette nuit formidable fut une renaissance.

Au premier chant des coqs se répondant l'un à l'autre disparut le fantôme, et sa réalité se montra dans son habit couleur de soleil. Edith seule avait dormi du divin sommeil de la jeunesse, M. de Kinseton avait fait de beaux rêves ; son ami, Malvoisin, avait poussé de gros soupirs. Ils se retrouvaient, tous les trois, dans cette maison dont leur seule présence avait chassé le deuil. Par la fenêtre ouverte, adieu la mort! La vie entre à foison sous ces voûtes rassérénées. Tous les bruits reparaissent dans leur joie, hennissements de l'écurie et gloussements de la basse-cour. Sur les toits, le pigeon roucoule, oublieux de la main qui le nourrissait. Réunis dans le salon, où feu M. de Kinseton avait entassé les plus belles choses de son musée intime, les trois amis contemplèrent toutes ces œuvres, surtout le peintre et la jeune

Edith étaient charmés de ces tableaux, les premiers sortis du génie et de l'atelier de l'artiste. Il semblait à Kinseton qu'il revoyait l'image errante de ses jeunes années. Il reconnaissait ces doux paysages, ces têtes joyeuses, ces rêves empruntés aux *Feuilles d'automne*, aux *Méditations poétiques*, à *la Comédie humaine* de Balzac. Il était tenté de les invoquer comme autant de jeunes dieux qui avaient traversé ses premiers sentiers. Surtout l'une de ces têtes attirait le regard de la belle et sincère Edith. Ses beaux yeux se mouillaient d'une larme involontaire à l'aspect de ce visage enjoué qui leur souriait du fond de la tombe. « O mon pauvre ami ! mon cher rapin Toiras ! » murmurait la belle fille. M. Kinseton, d'une voix triste et d'un accent pénétré, répondit :

« Moi aussi, je l'aimais bien ! Mais il m'a fait trop de mal pour que je le pleure encore.

— Et quel mal vous a-t-il donc fait ? reprit la jeune Edith. Il vous aimait comme un frère aîné ; il vivait à votre ombre, et la plus belle action que vous ayez faite, c'est de vous être exposé dans ces ruines pour sauver ce doux compagnon de nos beaux jours.

— Je vous dirai, reprit le peintre, toute sa faute : il vous aimait trop, et vous l'aimiez trop, ma chère Edith. A peine si vous en êtes consolée ! Entre vous et moi, restera son image éternellement.

— Ingrat! reprit la jeune fille en lui tendant la main; vous ne savez donc pas distinguer la simple amitié de l'amour? Je n'avais que de l'amitié pour ce pauvre enfant, qui était plus jeune que moi. »

Disant ces mots, son regard brillait d'une flamme discrète. Elle offrit au jeune artiste son front à baiser. Son père, dont le regard était ailleurs, se retourna juste au moment où, dans un silence inspiré de toutes les passions des tendres cœurs, ces deux jeunes gens se juraient, sans mot dire, un amour éternel.

Malvoisin, après une pause : « Allons! dit-il à sa fille, en ce moment tu ne peux rien refuser au père imprudent qui t'a mise au monde. Il t'a fait, ma chère fille, un trop beau présent pour que tu ne viennes pas en aide à ses remords. Heureux amants, égoïstes, comme on l'est à votre âge, vous avez déjà oublié l'ami qui s'est tué en invoquant votre nom, et vous ne songez pas aux destinées de la malheureuse femme qui vous prenait hier pour des fantômes? Eh bien! cette femme est la mienne, et, mieux encore, elle est votre mère, Edith! Elle ne vous a pas reconnue, et voilà son premier châtiment. J'ai eu le grand tort de lui donner, le premier, l'exemple d'une vie à l'abandon et d'un mariage infidèle. Un autre peut la maudire, nous n'avons que le droit de pleurer sur elle. »

Édith, à ces mots, se jetant dans les bras de son père : « Allons! mon père, effaçons, s'il se peut, des deux parts, tant de cruels souvenirs. » Et, l'un et l'autre, ils prirent le chemin de la montagne.

De son côté, le jeune artiste se rendit chez le notaire, le même qui lui avait appris, sans le vouloir, les principaux événements de cette histoire. Il retrouva, tout à fait, l'honnête esprit et l'homme intelligent qui lui était apparu dans la diligence, et bientôt, l'un l'autre, ils furent d'accord de leurs faits. Feu M. de Kinseton avait écrit pour son *cousin* (car il ne doutait pas de leur parenté) une lettre *in extremis*. Dans cette lettre, il témoignait de la double volonté d'instituer son cousin son légataire universel, à cette condition suprême que son enfant, s'il en avait un, serait reconnu comme ayant droit à cette fortune, à ce nom propre, et même au titre des seigneurs de Kinseton. Cela était dit en peu de mots; cela était écrit d'une main sûre et ferme. On comprenait que cet infortuné était décidé à mourir. Pas un mot de sa maîtresse et de ses tristes amours.

Après la lecture attentive de ces volontés testamentaires, l'artiste et l'homme de loi cherchèrent, dans le fond de leur conscience, par quel moyen ils obéiraient à cette loi d'un mourant, sans outrager l'honneur des vivants.

« C'est difficile, disait le notaire.

— Une seule personne au monde peut nous tirer de ce mauvais pas. Cette personne est pour moi la loi et les prophètes ; elle a le génie et le talent de la vérité en toute chose : ce qu'elle dira sera bien dit ; ce qu'elle fera sera bien fait. »

L'artiste parlait comme un homme de sens. Les femmes seules ont le fil du labyrinthe, si le labyrinthe est le cœur humain.

On n'a jamais su quelle fut l'entrevue entre Édith et sa mère, et comment ces deux femmes se rencontrèrent et se reconnurent. La mère était insolente au degré suprême, et ses crimes lui servaient de gardes du corps ; mais la fille était irrésistible, elle avait le don sacré des larmes, elle savait invoquer la Providence divine, elle était éloquente et touchante, elle finit par attendrir ce cœur de rocher. Sa visite dura jusqu'à la fin du jour. Le père et la fille s'en revinrent silencieux, mais beaucoup plus calmes qu'au départ. Évidemment la fille avait un projet bien arrêté dans sa tête et dans son cœur, mais ce projet était ignoré de son père. Une nuit se passa, un jour encore. Et lorsqu'enfin l'artiste expliqua pour la troisième fois les embarras d'une situation pleine de doute et de confusion, tout à coup la jeune fille :

« Ecoutez-moi, dit-elle, et, si vous me voulez obéir, tout est sauvé. L'enfant de notre cousin Kinseton ne sera pas dépouillé de sa fortune et sa mère ne sera pas déshonorée; il portera le nom de son père, il sera le baron de Kinseton. »

Ceci dit, elle se renferma dans son mystère.

« Ayez soin, dit-elle à l'artiste, à moins que vous ayez changé de projet, de tout préparer pour notre heureux mariage, une grande affiche à la mairie et les bans publiés par l'église, qui nous bénira. »

Cependant, la ville était en rumeur; elle avait cru, elle aussi, au revenant; elle avait pris pour Kinseton le vigneron ce nouveau venu, qui lui ressemblait assez peu, il faut le dire. Mais l'un et l'autre, ils portaient les mêmes insignes, les mêmes noms, ils étaient vêtus de même sorte. Un mort est si vite oublié! le vivant qui le remplace est si facilement le bienvenu! Le notaire agissait dans l'intérêt de Kinseton. La femme en noir avait disparu, et pas un n'avait de ses nouvelles. Le premier dimanche où M. le curé annonça à ses ouailles le mariage du baron de Kinseton avec Mlle Edith Malvoisin, il y eut encore un frémissement indicible. On finit, cependant, par s'accoutumer à cette apparition des mêmes noms et prénoms, et quand vint le grand jour du mariage, au sortir du contrat civil, où peu de monde était invité, les portes de l'église furent ouvertes à deux battants. L'église était remplie, une foule de curieux étaient arrivés dans l'espoir de trouver le mot de cette énigme; et pensez donc si la curiosité redoubla quand on vit, ô surprise! la belle et fière Edith, rougissante sous sa couronne virginale, qui portait un jeune enfant dans ses langes, brodés par les fées. L'enfant riait et jouait avec les fleurs d'oranger qui paraient la ceinture de la jeune fiancée. Elle marcha d'un pas ferme à l'autel; on eût dit qu'elle était fière de son fardeau. Alors, la voix du prêtre qui les devait marier l'accueillit avec tant de tendresse et de respect, que pas un des assistants n'osa sourire. Il commença par baptiser l'enfant; après le baptême, il maria le père et la mère, invoquant de sa voix solennelle toutes les bénédictions du ciel sur le jeune homme et surtout sur la jeune épouse.

Une femme était là, une Bourguignonne au teint mat, dans les habits de la campagne; et sitôt qu'elle fut mariée à M. de Kinseton, la belle Edith remit l'enfant à sa nourrice, et la nourrice, heureuse du rejeton qui lui était rendu, descendit le parvis du temple au son de l'orgue qui chantait :

« La victoire est à nous ! »

Le lendemain de cette heureuse aventure, le bon Malvoisin prit congé de sa fille et de son gendre.

« Adieu, leur dit-il, soyez heureux ! Je retourne à Rome, à Florence, aux pays où l'on oublie; et cependant, je n'oublierai jamais mes enfants ! »

LA MI-CARÊME

D'UN CONVALESCENT

NOUVELLE

LA MI-CARÊME

D'UN CONVALESCENT

~~~~~

J'avais été bien malade, et vu de près les sombres bords, mais depuis tantôt six semaines, dans une convalescence assez lente, je me sentais revivre. Ma jeunesse et le docteur Fortin m'avaient sauvé.

C'est une sensation délicieuse : avoir évité tant de périls ; lutter courageusement contre le dernier obstacle, et sortir vainqueur d'une lutte entre la vie et la mort, où la mort même était contre vous. Peu à peu cependant reviennent le calme et la paix dans votre cerveau, doucement réjoui. Vous retrouvez l'espérance avec la lumière, et vous voilà tout charmé des bruits du dehors, qui vous faisaient tant de peur. Les heures, si lentes au malheureux qui souffre, ont repris soudain leur volée et leur carillon joyeux.

O bonheur! je reconnais tant de belles choses, l'ornement et l'orgueil de mes murailles bienfaisantes; mes vieux meubles, mes vieux livres, mes tableaux des maîtres, qui représentent, dans un frais coloris, les grâces du printemps, les splendeurs de l'automne. Ah! qu'elle est belle en ce moment, cette image de Greuze, et qu'il est charmant, mon petit cavalier de Watteau galopant dans les prairies de Trianon, à côté d'une bergère en robe de satin, la tête ornée à ravir de roses et de coquelicots! Je vois tout cela d'un coup d'œil, je le retrouve et je le salue, et quand ma main, paresseuse encore, prend un livre, un petit livre orné des estampes d'Eisen, digne ami de Jean de La Fontaine, je suis tenté de saluer mon livre et de lui raconter tout ce que j'ai souffert : tant de jours sans repos, tant de nuits sans sommeil, des songes malfaisants, de vaines images pleines de fièvres : oubli, nuage, confusion. Un livre est un confident; il vous écoute, il vous sourit, il vous parle, il vous encourage, il vous conseille et vous plaint; enfin il vous reconnaît, tout changé que vous êtes. Lui seul, il ne change pas, il est le même, et toujours bien portant, glorieux, rendant tendresse pour tendresse, et mépris pour mépris.

Convalescence! un état charmant; rien n'est perdu, tout est sauvé... Encore un peu de patience, avec l'exercice agréable et charmant des plus chastes et des faciles vertus.

Le jour dont je parle (il a laissé dans ma vie une trace ineffaçable, et comptera parmi les plus turbulents de mes jours), j'avais dormi d'un léger sommeil toute la nuit, parmi des songes heureux, ces beaux songes et mensonges, tous frais sortis de la porte d'ivoire, ces chères visions de tous ceux que vous avez aimés, et qui reviennent du séjour des ombres pour vous sourire encore :

« O mon père, ô ma mère, est-ce bien vous? C'est donc toi, ma vieille tante, et toi, ma sœur de lait, fille impérieuse, dont la moindre volonté était un ordre absolu? Doux fantômes! qui disparaissent au premier chant du coq. »

Et maintenant, c'est le jour, voici le jour! Le premier rayon dissipe, à grand'peine, le dernier nuage. Attendez encore, et vous rentrez dans la vie universelle.

Or, j'étais justement dans cet état délicieux qui n'est plus le rêve et qui n'est pas encore le réveil, quand j'entendis s'ouvrir la porte de ma chambre à coucher. C'étaient Mme Brigitte, ma gouvernante, et le docteur Fortin, qui venait s'informer de la santé du malade; et comme il ne me plaisait pas de les voir sitôt, je restais, pour eux, plongé dans le sommeil. Dame Brigitte eut bientôt fait de tirer les rideaux, et d'offrir mon fauteuil au médecin, qui venait, ce matin, plus tôt que d'habitude ; et même ils parlèrent à voix basse de mon état présent :

« Il va tout à fait bien, disait Brigitte, et si je l'écoutais, il mangerait un chapon à son déjeuner. Mais j'obéis fidèlement à vos ordres : un œuf frais remplace le rôti, le vin est trempé d'eau, les fruits sont en compotes. Avec ces simples mots ; *le docteur les a défendus!* je le calme. Il est vrai que de jour en jour monsieur se révolte, et qu'avant peu je ne réponds plus de sa modération.

— Hum! hum! fit le docteur, j'ai fait là une belle guérison; voilà une fièvre dont je saurai tirer grand parti et grand honneur. Mais, ma chère Brigitte, il nous faut, de toutes nos forces, prolonger cette convalescence; il n'est pas dans notre intérêt même qu'une si grande maladie ait une terminaison trop brusque. On dirait : C'était peu de chose! si l'on voyait que six semaines ont suffi pour le remettre sur pied. Donc, la diète aujourd'hui, demain, pendant huit jours encore. Il n'en sera que plus heureux quand nous lui permettrons un bon consommé, une bécassine, un plein verre de son admirable vin de Bordeaux de 1824. En même temps, vous ajouterez à votre compte une quinzaine de veilles à toutes les peines que vous vous êtes données, et qui vous seront comptées dans la reconnaissance du chevalier. Quant à moi, il ne me déplaît pas de venir ici, chaque jour, prendre un air de ce bon feu, et vous demander une tasse de café. Donc, l'homme est sauvé; mais pour qu'il le soit tout à fait, je le veux maintenir dans les plus strictes limites de l'abstinence; et surtout, jusqu'à nouvel ordre, éloignons d'ici, madame Brigitte, les Louise et les Armande, et fermons la porte à Messieurs du Jockey-Club. Mais, chut! il me semble qu'il va se réveiller. »

Le fait est que, dans un mouvement d'indignation, j'avais voulu sauter de mon lit et faire honte à ces deux traîtres de leur propre trahison; mais quoi! j'avais été sérieusement malade; elle m'avait entouré des soins les plus tendres, il avait triomphé de la fièvre; ils s'étaient merveilleusement entendus, l'un et l'autre, pour une guérison dont me voilà certain désormais... Quant à me fâcher de cette innocente conspiration qui devait leur laisser quinze jours de plus l'administration de ma santé, de mon libre arbitre et des passions que déjà je sentais renaître, à coup sûr j'aurais grand tort, je serais injuste, et je payerais d'un mauvais procédé un dévouement quelque peu intéressé, j'en conviens, mais dont j'avais, en fin de compte, le bénéfice. Ainsi conseillé par ma reconnaissance et ces sages réflexions, j'ouvris les yeux comme un homme à peine éveillé qui ne reconnaît pas tout d'abord les gens qui parlent. Il faut que j'aie, en effet, bien joué cette petite comédie, pour que mes deux interlocuteurs s'y soient laissés prendre, avec tant d'intelligence et de finesse qui en faisait deux complices dangereux.

« Ah! m'écriai-je avec un petit bâillement plein de grâce, c'est vous, docteur, de si bon matin que c'est à peine s'il fait jour chez moi. Que venez-vous donc faire à cette heure, et serais-je en plus grand danger qu'hier au soir?

— Non, certes, dit le docteur en me tâtant le pouls; au contraire, vous voilà tout à fait bien. La langue est saine et la tête est fraîche. Allons, vous pouvez déjeuner de deux œufs frais et d'une douzaine d'huîtres. Quant au dîner, je veux que, vous aussi, vous fassiez votre mi-carême, et je vous permets un blanc de volaille, avez une grappe de raisin pour votre dessert. Donc, tenez-vous chaudement, couchez-vous de bonne heure, et buvez-moi, dans l'intervalle, un verre ou deux de petite centaurée. Il n'y a rien de meilleur pour un convalescent tel que vous.

« Ceci dit, il reprit sa place au coin de mon feu,

et pendant que Brigitte apportait à ce traître une tasse de café, dont la suave odeur me montait au cerveau, je prenais mes habits de tous les jours : mon pantalon à pied, dans lequel flottaient deux jarrets d'acier qui domptaient naguère les chevaux les plus difficiles du Champ de Mars ; je couvrais mon corps amaigri d'une robe en molleton, et cependant, interrogeant ma glace d'un coup d'œil, je me trouvais assez bon visage. Il y avait un feu nouveau dans mes yeux, mes cheveux se remettaient à boucler, je sentais que ma main droite aurait encore la force de tenir une épée, et que mes pieds, dans leurs pantoufles, ne demandaient qu'à parcourir la longue avenue ornement de mon hôtel.

«Hum! hum!» fis-je à mon tour; et je compris que les œufs du docteur et son blanc de volaille auraient grand tort. Mais j'avais lu, naguère, la conjuration de Catilina, et je dissimulai de mon mieux.

« Et vous, cher maître (en ce moment j'avais pris un siége à ses côtés), quels sont vos projets en ce dernier jour de carnaval ressuscité? Parlez, je vous écoute, et plus vous vous serez préparé une heureuse soirée, et plus mon abstinence, ici, me sera légère. On est sage après avoir tant souffert, et l'on se contente de l'imprudence de ses amis.

— Ma foi, puisque vous le prenez si bien, dit le bonhomme, écoutez ce qui va m'arriver, et si vous trouvez mon programme incomplet, vous n'avez qu'à parler, je suivrai, mot à mot, vos sages conseils. D'abord j'expédie en toute hâte les malades les moins pressés, renvoyant à demain les affaires sérieuses. Vous voilà, je vous ai vu; vous allez bien, vous serez sage, et de ce côté-ci nulle crainte. En vingt minutes je serai chez une malade assez jeune encore, mais qui se croit possédée, heureusement pour moi! de toutes les maladies. Bon, je la trouve un peu mieux; je lui commande un verre d'eau sucrée à la fleur d'oranger, et m'en vais du même pas chez un vieux pair de France accablé du poids de ses trente serments, qui voudrait bien prêter le serment de sénateur avant de mourir. Je le console, et s'il est invité à dîner chez quelque autorité d'ici bas: « Allez-y, lui dirai-je, et mangez peu. Si bien, qu'à dix heures, au plus tard, je serai quitte avec ma plus précieuse clientèle. Alors, je m'en reviens chez moi, je me fais la barbe et je me pare: habit à la française, gilet blanc, cravatte noire et manchettes brodées. J'aurai ma montre et sa belle chaîne, et mon camée à la cravate; à mon doigt, le beau diamant que je tiens de la magnificence du pacha d'Égypte. Ainsi paré, et pour unir l'utile à l'agréable, je n'oublierai pas mes fins bas de laine et mes souliers à boucles d'or, mais à double semelle. En même temps, on me bichonne, on me poudre à l'iris, et quand l'heure a frappé le cadran bleu, je m'enveloppe en mon manteau de petit gris, couleur de muraille, et fouette cocher! »

Il disait toutes ces choses avec un frémissement joyeux qui me fit envie.

— Ah! docteur, et moi je reste ici, la tête mal coiffée, en ce vilain molleton, et mes deux petits pieds flottants dans ces pantoufles semées de roses, que m'a brodées cette abominable Coralie, au prix modeste de dix mille livres! Vous aurez votre chapeau neuf à larges bords, qui vous aide à cacher vos vices; moi, je garderai cette vilaine toque, où les papillons de Goton voltigent sur le velours nacarat dont s'est dépouillée pour moi la vertueuse marquise de Michaudon!... Vraiment, docteur, ce serait à se jeter par la fenêtre, si la petite centaurée avait moins de vertu.

— Cher malade, répondit-il, prenez patience, en m'écoutant! Pour que rien ne manque à ma petite fête, j'ai tout prévu. J'emprunte à l'une de mes malades, qui restera chez elle, son petit coupé capitonné de jaune. A sa cousine j'ai déjà pris sa loge des baignoires pour la représentation de ce soir au Théâtre-Français. On joue le *Malade ima-*

ginaire, et j'ai remarqué ceci, que vous remarquerez plus tard, c'est qu'une belle femme, après les heures difficiles de la première jeunesse, est plus facile à surprendre au milieu d'un beau rire, que dans la plainte exagérée d'un nouveau drame ou dans les douleurs austères d'une ancienne tragédie. On n'a pas très-bon marché d'une femme qui pleure; elle est trop occupée, et rien ne peut l'arracher à ses alarmes. Au contraire, elle rit, la voilà désarmée; et plus d'une fois il m'est arrivé, à la scène de Thomas Diaforius, de prendre une main que l'on ne songeait pas à me disputer. Voilà donc ma loge et mon carrosse incognito; le plus difficile est trouvé.

— Et la dame, où donc la prendrez-vous, docteur?

— Ah! la dame? Ici se rencontre toute la difficulté de l'entreprise. Naturellement, la dame est très-belle; elle est, pour moi, beaucoup trop jeune, et, le dirai-je? elle me témoigne une si grande confiance que cette confiance me fait peur. Ce qui me rassure un peu, c'est qu'elle vient de la province; elle en a toutes les vertus et toutes les gaucheries. Elle n'est pas la maîtresse, elle n'est pas la servante du logis qu'elle habite. Elle est une amie un peu subalterne, et cette humble position, je l'espère, me la rendra plus favorable. Elle n'a rien vu, elle ne sait rien; elle est curieuse, avec beaucoup d'esprit par-dessus le marché de sa curiosité. Bien plus, elle voudrait tout savoir; c'est encore un motif d'espérer. Enfin, que vous dirai-je? Aux grands maux, les grands remèdes. Elle est très-jolie, elle me plaît, elle est charmante, et s'il le faut absolument, j'irai jusqu'au mariage... et le grand pas sera franchi.

— Ah! docteur, le mariage, y pensez-vous?

— J'y pense, et si bien, que je serai encore un homme heureux si, fâchée ou non fâchée, elle finit par m'accorder sa belle main. Mais loin d'ici les mauvais présages! En ce jour de bombance et de plaisir, n'admettons que des prévisions joyeuses. Voulez-vous, cependant, que je raconte à votre abstinence le menu du dîner que j'ai commandé, au cabinet n° 15 des frères Provençaux?

— Dites-le moi, docteur, dites-le moi; j'en aurai l'eau à la bouche, et je rêverai le reste en mangeant mon blanc de poulet.

— Un mien client, dont l'arrière-grand'tante est morte entre mes mains, a pris l'habitude heureuse de m'envoyer chaque année, à la mi-carême, un faisan truffé de main de maître, et bon à mettre à la broche; voilà, plus une sauce à la Périgueux, mon rôti tout trouvé. Ajoutez une honnête barbue à la crème, un buisson d'écrevisses à la bordelaise, de belles asperges en branches, un *parfait*, le tout arrosé d'un vin généreux de Château-Lafite ; un fromage de Brie et de belles poires, voilà tout le menu. » Ainsi parlant, son petit œil gris pétillait de gourmandise et de contentement; et moi, je crevais de jalousie.

« Ah! docteur, m'écriai-je, quelle chienne de vie!» Et comme il me regardait, très-étonné de ma morale : « Quand je dis une chienne de vie, il est bien entendu que je parle de la mienne, et non pas de la vôtre. Abstinence! abstinence! ah! le triste programme : abstiens toi des belles femmes; gardes-toi du bon vin; souviens-toi que le poisson frais, le gibier faisandé, la sauce brûlante et les primeurs du Midi seraient autant de poisons pour ton estomac délabré. La poésie et ses plaisirs, la comédie et ses fêtes, un simple baiser sur la main de Philis, te voilà mort. N'est-ce pas cela, docteur?

— Allons! dit-il en se levant, à chacun sa bonne fortune, et l'an prochain vous en ferez autant que moi. Aux premiers beaux jours, reviendront les colombes au colombier. Encore une fois, soyez sage. Au fait, reprit-il d'une voix plus sérieuse et qui me raccommoda avec lui, j'augmente à plaisir le danger que vous pouvez courir encore, je vous fais peut-être un peu plus malade que vous n'êtes et vous condamne à des abstinences trop sévères, mais aussi, mon cher malade, avec quelle ardeur vous prendrez votre revanche! Écoutez-moi : vous allez bien, vous êtes guéri, mais restez encore en repos; sur ma parole d'honneur, je suis persuadé que la moindre émotion vous tuerait!... Il prit son chapeau, il remit sa douillette et sortit en fredonnant un de ces sots refrains que chaque année apporte et remporte au pays des longues oreilles, qui n'est pas loin d'ici.

Resté seul, je tombai dans un abîme de réflexions. Les voix intérieures me disaient : cet homme a raison, sois sage... Et pourtant, si la sagesse n'est plus qu'une vaine précaution, serais-je assez mal avisé de m'abstenir plus longtemps? Comment donc, je vis en ermite, à trente ans, et ce vieillard mènera ce soir l'existence de Don Juan! Je meurs de faim... il s'est commandé un repas digne d'Horace, invitant Neère et sa lyre enjouée. Ah! malheur!... Mais il n'y a pas déjà si longtemps que le mal m'a quitté, qu'il ne revienne au premier appel. Une mauvaise aventure, où le plus simple accident me renverrait aux sombres bords. Donc, patience, et contentons-nous de la petite centaurée... En relevant les yeux, j'aperçus mon fidéle Achate, mon ami Jean des belles années. Il était un paysan quand j'étais un rustique;

lui et moi, enfants des mêmes campagnes et presque élevés à la même école, nous sommes devenus des Parisiens à la même heure, et dans cette haute fortune, il est resté bon garçon, fidèle et dévoué. C'est un esprit narquois, riant et se gaussant volontiers; moitié chien et moitié chat, et peu disposé à quitter un logis tiède en hiver, frais en été, plein d'abondance en tout temps.

— Monsieur, me dit-il, vous racontiez, l'an passé, qu'à certain jour l'esclave romain avait le droit de dire à son maître un peu plus même que la vérité. Seriez-vous donc fâché, en ces temps de saturnales, que votre esclave, ici présent, vous parlât en toute sincérité? Certes, mon jeune maître, n'avez-vous pas de honte, étant si jeune et dans une si brillante fortune, de vous claquemurer comme vous faites, pour complaire à cette vieille Brigitte et à son vieux médecin? Ne voyez-vous pas que ça les amuse de vous tenir en chartre privée et de chasser de chez nous la gaieté, les plaisirs, les belles filles et les jeunes gens? Pardieu, vous avez été malade et je le sais bien, mais à cette heure, où donc, s'il vous plaît, souffrez-vous? Avez-vous seulement un brin de fièvre, un léger mal de tête, un enrouement?... Vous avez soif, vous avez faim, vous avez appétit de parure et de liberté. Vous voulez rire? Eh bien! vivons, qui vous empêche? Hier, Michel, le tailleur, vous apportait les beaux habits que voilà. Votre armoire est pleine du plus beau linge, et ce matin, votre cousin, M. le comte d'Ermont, m'a remis pour vous ces dix mille francs que vous lui aviez gagnés au dernier lansquenet. S'il vous plaît, regardez de ce côté, mon cher maître, et vous verrez sous la remise la nouvelle berline d'Erler. Entendez-vous les hennissements de l'écurie? Il y a là-bas deux Normands qui s'impatientent et miss Fanny dont les jambes sont engorgées. Croyez-moi, habillez-vous, mettez cet argent dans votre poche, étrennons ce beau carrosse, allons courir à travers Paris les aventures du dernier jour de carnaval. D'ailleurs, il est impossible que dans ce tas de lettres que voici, vous ne rencontriez pas, pour ce soir même, une ou deux belles invitations. »

Au moment où ce maître-orateur faisait cette belle sortie, un rayon du soleil de février, perçant le nuage, entrait et se jouait sur mon front réjoui. J'ouvris une lettre au hasard et je trouvai que j'étais invité au bal paré et masqué que donnait l'illustre Victorine à ses amis des deux sexes, dans les salons des frères Provençaux. — Elle donne un bal, donc elle est ruinée, et je ne sais rien de plus amusant que la ruine de ces filles du hasard, qui ne sont jamais plus animées d'espérance qu'à leurs derniers instants de luxe. Aujourd'hui sans asile et chassées par l'huissier dont elles sont la proie, elles se relèvent le lendemain, triomphantes et dédaigneuses de leurs oripeaux et de leurs meubles vendus la veille. — Ah! me disais-je, c'est bien tentant, ce bal de la fameuse Victorine! On y verra toutes les rencontres de l'amour et du hasard. Elle commençait à me regarder d'un œil favorable; elle ne m'a jamais fait un emprunt et vraiment je lui dois quelque chose. Il y avait aussi parmi ces billets au benjoin, à la violette, à la tubéreuse, plus d'une invitation toute bourgeoise. En effet, grâce au nom que je porte, à ma province natale, et peut-être à mon éloignement de la ville, à l'extrémité d'un charmant village annexé naguère, j'ai précieusement conservé mes grandes entrées dans quelques-unes de ces bonnes maisons parisiennes, difficiles sur le choix de leurs hôtes.

A Dieu ne plaise que je sois assez mal appris pour ne pas me complaire aux honnêtes plaisirs de la famille, aux repas bien faits, calmes et bien servis, à la fable de l'enfant au dessert, à la chanson de la fillette après dîner, voire au whist des grands parents. Grâce à mes chers parents, qui m'ont bien élevé, je sais vivre en honnête homme, et très-volontiers je laisse en deçà des seuils que j'honore les méchants petits vices de l'heure présente. Honte à l'idiot qui ne peut vivre heureux que dans la société des jeunes gens sans frein et des femmes sans mœurs ! Mais aujourd'hui, l'estomac délabré, repu de sommeil, gorgé de fadaises, accablé d'*ordonnances*, entouré de flacons signés Mialhe et Taurade, les yeux hébétés du tablier blanc et des bonnets ourlés de Mlle Brigitte, je voulais absolument me décarêmer, et le bal de Mlle Victorine l'emportait sur l'invitation de M. et de Mme Chambly : « Vous nous rendriez fort heureux, disaient-ils, si vous veniez prendre votre part de certaine poularde, votre compatriote et la nôtre... » A demain la poularde, me disais-je, et ce soir le souper de Victorine.

En ce moment, comme si elle eût deviné ma pensée, entra chez moi Mme Brigitte.

« Hélas ! mon cher maître, y songez-vous ? Sortir par le temps qu'il fait, presqu'à jeun, pour nous revenir aussi malade que vous l'étiez il y a huit jours ! Oh ! non, c'est impossible, et même, en bonne justice, il faudrait mettre à la porte M. Jean, qui vous donne ces belles idées. M. Jean est un libertin ; il s'est mis en tête d'aller au bal masqué ce soir, et, Dieu me pardonne, il vous persuadera qu'il faut l'y suivre. Une honnête gouvernante est bien malheureuse d'être associée à de pareils serviteurs.

— Là, là, madame Brigitte, un peu d'indulgence; et cependant, si vous voulez que je reste ici, faisons, s'il vous plaît, nos conditions. Vous m'apporterez à l'instant même, deux côtelettes, une poire de beurré, une tasse de chocolat. Bref, vous ferez comme pour vous, et vous trouverez, en revanche, un maître heureux, patient et tout disposé à ne pas quitter un endroit où il se trouvera bien.

— Oui, monsieur, vous serez servi tout à l'heure, et vous aurez à dîner une sole à la Normande, un poulet au cresson, une salade et des compotes. Je vous ferai des crêpes, et pour vous tenir compagnie et dîner avec vous, je vais inviter ma filleule Aldegonde. Elle est très-gaie et rit volontiers. Il m'a semblé que monsieur la trouvait gentille. Elle viendra, s'il vous plaît, en marquise de Pompadour, et nous chantera au dessert toutes sortes de chansons sur l'air du *Tra la la*. Elle veut plaire, et, j'en suis sûre, elle ne fera pas mauvaise mine à un convalescent tel que vous. »

Qui ne dit mot, consent.

D'ailleurs la proposition de dame Brigitte me semblait des plus acceptables. Donc, les choses étant ainsi arrêtées entre les deux hautes parties contractantes, je commençai ma révolution par humer de toutes mes forces ce déjeuner conquis à la pointe de l'épée, et qui dépassait mes plus beaux rêves. A chaque instant je me sentais renaître; un feu nouveau circulait dans mes veines; je buvais largement d'un petit vin de Beaujolais qui se laissait boire.

« Allons, mon maître, encore un verre, disait monsieur Jean; le temps est beau, et nous irons nous assurer que le bois de Boulogne est encore à sa place. »

A peine avais-je achevé ce repas de Lucullus dînant chez Lucullus, à peine avais-je allumé le premier cigare qui eût touché mes lèvres pâlies depuis tantôt six semaines (ô suave odeur de la fumée enivrante à travers l'espace!), on m'annonça M. Constantin. M. Constantin était le premier commis, le caissier, le futur associé du fameux banquier Adolphe Denizot, chez qui j'avais placé la moitié de ma fortune. Il me donnait, bon an, mal an, quarante à cinquante mille francs pour l'intérêt d'un demi-million que je lui avais confié, et je dormais, sur ce dix pour cent, d'un sommeil aussi paisible que Gros-Jean sur le foin de son grenier. Donc ce M. Constantin me représentait cinquante mille livres de rentes, le plus beau, sinon le plus clair de mon revenu. Pour la première fois, je lui trouvai une figure étrange; il me salua moins bas que de coutume; on eût dit qu'il avait quelque peine à lever son chapeau. Évidemment, cet homme était porteur d'une mauvaise nouvelle. Il venait pour m'annoncer que M. Denizot, son patron, ayant fait imprudemment, avec la raffinerie anglaise, un achat difficile à réaliser, était parti depuis deux jours pour l'Angleterre, et n'avait pas donné de ses nouvelles. Donc, à moins d'un miracle, il fallait s'attendre à voir s'écrouler la banque Denizot, et M. Constantin, par attachement pour moi, avait pris la peine de m'avertir le premier de cette catastrophe inévitable.

« Ainsi, monsieur Constantin, j'ai tout perdu?

— Tout, monsieur! A moins qu'il ne vous convienne de me céder pour une centaine de mille francs, payables dans six mois, les droits que vous conservez dans les affaires de mon maître. »

En même temps, il se mit à me démontrer qu'ayant touché 10 pour cent de mon argent pendant douze années, j'étais plus que remboursé de la somme primitive, et que les cent mille francs qu'il me proposait représentaient un bénéfice. Il disait cela à voix basse et les yeux baissés; mais je ne sais quoi m'avertit qu'il fallait me méfier des propositions de ce financier improvisé, et l'ayant remercié sans trop de cérémonie :

« Allons, soit, monsieur Constantin, me voilà ruiné par M. Denizot. »

Il paraît que ma résignation le frappa, car il sortit plus humble qu'il n'était entré. Resté seul, je me rappelai la prière et le propos du docteur : « Surtout, mon ami, pas d'émotion trop vive ! » Voilà cependant, me disais-je, une rude émotion. Eh bien ! je ne suis pas mort ; je n'ai pas même laissé tomber le feu de mon cigare, et déjà, par une suite de calculs ingénieux, j'avisais à contempler sans peur ma triste fortune. Elle était beaucoup moindre et pourtant suffisante encore. En vendant mon hôtel, mes tableaux, mes chevaux, mon argenterie et mes curiosités, je rentrais, ou peu s'en faut, dans le demi-million que j'avais perdu, et conservais de quoi vivre honnêtement, bourgeoisement.

Je fus assez content de ma philosophie en cette épreuve et parfaitement rassuré sur cette émotion, que le docteur eût jugée à l'avance une émotion mortelle. Il est vrai que l'instant d'après j'eus maille à partir avec Mme Brigitte. Elle avait appris ma ruine avant même que j'en fusse informé, et naturellement, elle en profitait pour venir tracasser autour de moi.

« Mon Dieu, madame Brigitte, pourquoi donc ces gros soupirs ?

— Que voulez-vous, monsieur, on n'est pas contente et de bonne humeur tous les jours. J'aurai grand'peine à faire le dîner que j'ai promis à monsieur, et ma nièce Aldegonde ne viendra pas pour lui tenir compagnie. Elle comprendra, j'en suis sûre, que ce n'était pas convenable et qu'elle ne pouvait dîner en tête à tête avec un jeune homme, à moins que le jeune homme lui fît l'honneur de lui demander sa main.

— Pour tout de bon, dame Brigitte?

— Oui, monsieur, pour tout de bon. »

Sur quoi, elle s'en fut, d'un pas sec, oubliant pour la première fois de fermer sa porte. O pauvreté! ce n'est pas moi qui dirai : tu n'es qu'un nom!

Les fenêtres du salon donnaient d'un côté sur la cour, et de l'autre côté sur le boulevard qui longe un parc public. Dans ces sentiers bien tracés, le printemps seul amène un certain nombre de promeneurs; en hiver, le boulevard est désert. Un homme à cheval, un enfant qui joue au cerceau, une voiture de place, autant d'événements pour le spectateur caché derrière ces murailles, qui s'amuse à tuer le temps.

Ce ne fut donc pas sans une certaine curiosité que je vis s'arrêter devant ma porte un coupé de louage, et descendre, en tremblant, une jeune femme enveloppée d'un grand manteau, en chapeau noir et la figure voilée. M. Jean, qui se tenait sur le pas de la porte, ayant indiqué à la jeune visiteuse (on voyait d'un coup d'œil qu'elle était alerte et jeune) l'escalier de ma demeure, elle entra en toute hâte et sans se faire annoncer.

« Me voilà, me voilà, dit-elle avec un son de voix charmant, ne vous impatientez pas, mon ami, soyez heureux, nous sommes réunis pour toujours ! »

Elle disait cela très-vite, en relevant son voile, et jugez de sa honte en reconnaissant qu'elle s'était trompée.

« Ah! mon Dieu! je ne suis donc pas ici chez le marquis de Santis?

— Non, madame. Et cependant, rassurez-vous, vous êtes chez un galant homme appelé le chevalier de Genlis. M. de Santis et moi demeurons dans la même allée; il habite une maison qui ressemble à la mienne et ce n'est pas la première fois qu'on nous prend l'un pour l'autre. A vrai dire, c'est une confusion qui ne me plaît guère, et puisque le hasard vous amène en ce logis, permettez que je vous dise ici que ce trop heureux marquis de Santis, chez qui vous vous rendez pour la première fois, ne vaut pas l'honneur que vous lui faites. S'il porte un beau nom, il le porte en assez mauvaise compagnie, et peu d'honnêtes femmes ont frappé à cette porte-là. »

La jeune femme, à ce discours inattendu, me regardait avec une épouvante mal dissimulée; elle m'écoutait comme on écoute en rêve, elle était sans voix, sans mouvement, sans espérance. Et si frêle, et si délicate ! Un souffle eût suffi pour briser cette existence ; les efforts de cette infortunée, avant d'en arriver là, semblaient avoir épuisé tout son courage. Et moi, devinant ce drame intime et prévoyant ses terribles conséquences, je me sentis saisis d'une pitié si profonde, que les larmes m'en vinrent aux yeux. — Voilà, me disais-je, une désespérée à vingt ans qui, de gaieté de cœur, se jette aux abîmes de la vie à l'aventure. Elle a quitté tantôt le toit conjugal et tous les remparts de sa jeunesse pour venir dans cette caverne où l'attendent toutes les douleurs. En même temps, je lui représentai le péril qu'elle allait courir; je lui fis toucher du doigt les misères du mariage libre et les hontes prochaines. — Ah! madame, il en est temps encore ! Écoutez un bon conseil, rentrez dans la maison que vous avez quittée. Oubliez ce triste sire qui rira de votre peine. Appelez à votre aide parents, serviteurs, votre époux lui-même, et si vous avez une mère, allons, courage, et jetez-vous dans le sein maternel !

Je fus éloquent, j'étais convaincu. J'en avais tant vu de ces honteuses et malheureuses unions sans forme et sans nom ! Quand j'eus tout dit, elle regarda autour d'elle, comme si elle eût cherché à deviner à qui s'adressait mon discours.

« Vous ne savez pas, dit-elle enfin, vous ne savez pas quel est l'homme dont vous parlez. Ah ! si vous l'aviez vu comme je le voyais hier encore, pleurant et prosterné à mes pieds, attestant la terre et le ciel de son amour, disant que sans moi il ne pourrait plus vivre, et qu'il mourrait si je refusais de le suivre à Rome, à Florence et partout, vous m'eussiez épargné, monsieur, ce doute affligeant. »

A ces mots, elle se leva, plus que jamais résolue au sacrifice, et je la suivis attiré par le charme. Elle avait la démarche et le pied d'une dame de qualité, sa petite robe et son jupon uni lui donnait un agrément matinal, la fièvre animait son regard mouillé de larmes involontaires. J'eus l'honneur d'ouvrir la portière de sa voiture et de lui donner la main, pendant que le cocher de la régie, infâmement vêtu, marmottait je ne sais quelle injure à l'adresse de sa pratique. Elle me dit encore une fois adieu ; je fis signe à M. Jean de la suivre, et, rentré dans mon salon, il me sembla que je revoyais cette beauté si touchante. A mon oreille charmée arrivaient encore les accents de cette voix pleine d'une mélodie ineffable. Il y avait si longtemps d'ailleurs que je n'avais entrevu une seule femme appartenant au monde à part dans les passions parisiennes ! Ce moment fut triste. Enfin, je me trouvai seul, abandonné, perdu, négligé dans ma solitude. Hélas ! songer qu'à cet instant même cette aimable créature appartenait à cet homme à la mode, et peut-être qu'il s'ennuyait déjà de l'entendre et de la voir ! Vraiment, je fus saisi d'une immense envie, et je cherchais un prétexte d'aller redemander à ce fat de Santis ces grâces et ces beautés qu'il ne méritait pas.

Cependant le rayon avait disparu, le givre en ce moment tombait, le vent soufflait, une tristesse était mêlée à la triple vapeur des eaux, des gazons et des arbres. J'avais froid, je souffrais. Tout à coup j'entendis la voix de mon ami Jean, qui criait à mon écurie : « Attelez la berline, hâtez-vous ! » Puis, montant mon escalier quatre à quatre et tout semblable à quelque ahuri de Chaillot :

« Monsieur, me dit-il, il y va de la vie et de l'honneur de cette jeune dame ; si elle n'est pas rentré en son logis avant qu'il soit une heure, elle est perdue. »

En même temps il me racontait le drame dont il avait été le témoin. La voiture s'était arrêtée à la grille du marquis de Santis ; la dame en était descendue un petit sac de nuit à la main. Elle avait donné un louis d'or au cocher, qui s'était enfui au galop de son cheval, et pendant une minute elle avait cherché la sonnette. Au bruit strident du timbre, une femme, en habit de poissarde, était sortie sur le balcon, et d'une voix effrayante et les mains sur les hanches, en vraie femme de la halle, elle avait accablé cette malheureuse de telles injures et de telles malédictions, que le catéchisme poissard ne saurait en contenir de pareilles.

« Ah! te voilà donc avec ton petit bagage, ô coureuse de malheurs, comtesse de mon cœur. Objet charmant, il te faut mon amant, mais pas tant de chansons, tourne-nous les talons... » On eût dit une furie à l'entendre, une harangère à la voir. Bientôt, laissant la rime, elle disait tout net à cette infortunée : « Allez-vous-en, madame, on ne veut pas de vous, on vous chasse ; et cependant n'oubliez pas mon ordre absolu : je donne un bal ce soir même, aux frères Provençaux, à M. de Santis, mon amant. Vous y viendrez, je l'ordonne et je le veux, et si passé minuit tu n'es pas à mes pieds, suppliante, je livre à mes invités ton portrait que voici, avec ces deux belles lignes : *A toi pour la vie!* Aussi vrai que j'ai nom Victorine. » Et ceci dit avec un féroce éclat de rire, elle rentra dans la maison, la fenêtre ouverte laissant entendre les exclamations du marquis de Santis. Cependant la jeune dame était restée immobile à sa place et se demandant si elle n'était pas le jouet d'un rêve.

« Ah! monsieur, reprenait Jean, qu'elle est à plaindre! Elle serait tombée à mes pieds si je ne l'eusse retenue. » Et moi de l'encourager : « Allons, madame, ayez bon courage et venez avec moi. » Je pris sa petite valise, et tournant sur la droite, au bout de vingt pas, je conduisis la pauvre femme au foyer du gardien du petit parc. Sa femme et sa fille Catherine ont été prises d'une soudaine pitié à l'aspect de cette infortunée, pâle comme une morte, et qui ne pouvait même pas pleurer. »

Tel fut le récit de ce brave garçon. Tout funeste qu'il était, je n'en fus pas étonné le moins du monde. Je connaissais la maîtresse de M. de Santis. Malgré les bons sentiments qu'elle m'avait témoignés, sitôt que son intérêt ou sa vanité étaient en jeu, je la savais capable des plus grandes violences. Elle avait des fureurs qui tenaient de la folie, et le dirai-je à la honte des jeunes gens à la mode, ils trouvaient un certain charme à la colère de cette femme et se plaisaient à l'exciter. Ainsi, le vent du nord soulève à son gré les flots de l'Adriatique. Or, voilà comment ces jeunes messieurs développent à plaisir les mauvais instincts des malheureuses qui les approchent. Plus elles sont avares, cruelles et sans pitié, plus elles sont recherchées. Il en est, dans ce nombre abominable, qui n'ont fait leur fortune qu'au sortir de la cour d'assises. On dirait que le crime ajoute une saveur aux grâces de ces mégères. La Victorine en question courait rapidement dans ces tristes sentiers. Sa beauté était le moins habile de tous ses piéges ; à force de mensonges et d'avarice, elle était devenue capable de tout. Je le comprenais seulement à cette heure, en me félicitant d'avoir échappé à cette embûche, et songeant, hélas ! que par la lâcheté du misérable amant dont elle avait déjà consommé la ruine, elle tenait dans ses mains impitoyables la destinée et l'honneur de cette imprudente femme ! ah ! bien malheureuse, en effet.

Jean, cependant, attendait mes ordres et ne comprenait pas que je pusse hésiter un instant : « Tu as bien fait, lui dis-je, et tu es vraiment un brave garçon. Certes, il faut à tout prix sauver cette jeune femme. Allons la prendre et la ramenons chez elle, s'il en est temps encore ! »

Voilà comment j'étrennai ma berline d'Erler. Elle était encore à moi jusqu'au lendemain. Rarement le savant carrossier avait fait un pareil chef-d'œuvre. C'était splendide et peu voyant. La voiture s'arrêta à la maison du garde, où je trouvai ma jeune aventurière en cet état douloureux, voisin du spasme. Elle n'était pas morte, elle n'était plus vivante. Ses petites mains étaient contractées, ses lèvres pâlies battaient ses dents blanches, et parfois un profond soupir attestait la souffrance intérieure. On lui fit prendre un peu de thé, on l'enveloppa dans une épaisse couverture, et nous voilà partis pour Paris, à travers ce désert qui représentait l'espace à peine conquis du mur d'enceinte. Au bout de quatre ou cinq minutes, elle sembla se ranimer, et comme je l'interrogeais doucement, elle me raconta, en peu de mots, que j'avais tout à fait deviné cette lamentable histoire. Elle était riche et bien apparentée; elle appartenait au meilleur monde; son mari était un gentilhomme honoré de tous, mais peu tendre et peu fidèle. Elle ne comprenait pas maintenant, après cette cruelle et sévère leçon, qu'elle eût oublié si vite et si complétement tous ses devoirs. Elle acceptait volontiers le châtiment de sa faute, et cependant elle s'estimait une femme heureuse, s'il lui était permis de rentrer dans son logis. Là, elle trouverait, pour la relever à ses propres yeux, pour la défendre à la façon d'une lionne qui défend ses lionceaux, mieux qu'une sœur, une amie active, hardie et véhémente, une force, un exemple.

« Ah! si je la revois, disait la pauvre femme au désespoir, je suis sauvée! »

Mais déjà la nuit tombait et l'heure approchait

où le mari, très-exactement, au sortir du cercle, rentrait dans sa maison. Or, elle avait écrit à l'époux trompé une lettre absurde... et stéréotypée, à l'usage des femmes révoltées : « *Adieu, je pars avec celui que j'aime! Vous ne me verrez plus, oubliez-moi, soyez heureux!* » Le danger était là, dans cette lettre. Une minute pouvait tout perdre..... ou tout sauver.

Elle habitait, au commencement de la rue Vivienne, un petit hôtel, dans une grande maison qui appartenait à son mari. Ma voiture s'arrêta à dix pas du seuil, où tout semblait paisible encore. La dame attendit, les yeux fermés, enfouie au fond du carrosse, et moi, prenant mon courage à deux mains (ces grandes tragédies domestiques m'étant inconnues), j'entrai résolûment chez le concierge de l'hôtel. Une femme vêtue de noir occupait cette loge assez vaste, et, tout d'abord, j'eus le frisson de ce visage austère et sans pitié. Ce moment fut un des plus pénibles de cette nuit terrible. « A coup sûr, me disais-je, cette horrible concierge a remis la lettre au mari, le mari sait tout!... » Mais, bonté divine! nous arrivions à temps! Cet homme, aux habitudes si régulières, n'était pas rentré; la funeste lettre était aux mains de cette parque, et quand j'essayai de la reprendre, elle me dit d'une voix brève :

« Il n'y a, monsieur, que deux personnes à qui cette lettre appartienne ; à monsieur d'abord, à madame ensuite. Quand à la remettre à quelque étranger, n'y comptez pas. Je l'ai refusée à Mlle Annette elle-même. »

En ce moment, nous entendîmes une voix glapissante, avec accompagnement de coups de fouet :

« La porte, s'il vous plaît !

— Tenez, dit la vieille, voilà monsieur qui rentre ! »

En effet, c'était bien le coupé du mari ; sa voiture avait frôlé la mienne, et la malheureuse femme, en reconnaissant sa propre livrée, avait perdu toute espérance. De mon côté, j'eus comme un éblouissement de désespoir. Je vis, d'un coup d'œil, dans quelle suite d'aventures et d'accidents m'entraînait mon imprudente protection. Abandonner cette imprudente en ce moment plein de périls, eût été une action d'une extrême lâcheté ; prendre à mon compte une si grande faute, eût été d'une extrême imprudence. Cependant, la porte cochère ouverte à deux battants, l'affreuse concierge se précipita sur la portière du coupé en agitant sa lettre, afin d'attirer l'attention du mari... Voyez donc mon triomphe et ma joie ! Il ne rentrait pas chez lui, ce maladroit dont les destinées se débattaient à son insu depuis tantôt quatre heures. Monsieur était au cercle, et renvoyait sa voiture, faisant dire à Madame qu'avec sa permission il dînerait au cercle, et que peut-être, après le dîner, il irait avec quelques amis passer une heure ou deux au bal de l'Opéra. Le valet de pied ajoutait de lui-même une annonce exacte des plaisirs de cette nuit de carnaval. A ce programme de Don Juan, la portière, une dame *Honesta* s'il en fut jamais, porta soudain beaucoup moins d'intérêt à la cause de son maître.

« Il dîne avec des filles et des joueurs chez les frères Provençaux, tant pis pour lui ! »

Moi, cependant, voyant que les choses tournaient si bien, et que la chaste mégère passait de notre côté, je n'avais pas perdu un seul instant pour faire avancer ma voiture, et la jeune dame eut bientôt repris sa lettre, qui lui fut remise sans difficulté. Donc, le premier obstacle était franchi, et mon œuvre ayant réussi au delà de toutes mes prévisions, tout autre que moi, peut-être, eût pris congé de la dame ainsi rapatriée, et s'en fût remis, pour le reste, aux bons soins de la Providence. Oui ; mais cette fois, la Providence avait pris la forme, le visage et les yeux superbes de la plus belle personne, et la plus éloquente qui jamais eût apparu à mes regards éblouis. Ce fut comme une apparition. Son pas était ferme et léger; elle arrivait, les bras tendus vers cette enfant de son âme :

« Ah ! disait-elle, ah ! te voilà ! je te revois ! tu m'es rendue ! Allons, courage... ah ! que je t'aimerai ; ah ! j'étais bien sûre que tu me reviendrais !... »

En même temps, elle la serrait dans ses bras, elle la couvrait de ses baisers, la chevelure blonde et les cheveux bruns se mêlant et se confondant. Puis ses beaux yeux, mouillés de larmes, s'arrêtèrent sur moi, et d'une voix très-douce elle me dit :

« C'est vous qui la ramenez, je vous remercie. »

Et notez bien que tout cela se disait et se faisait pendant que nous remontions les quelques marches de l'escalier qui séparent le vestibule de l'antichambre. Un vent tiède, un grand bien-être, remplissait cette aimable maison. Quand nous fûmes entrés dans le petit salon, et que la femme-enfant eût été déposée (avec tant de soins maternels !) sur une chaise longue :

« Tout est sauvé ! s'écria la jeune fille aux cheveux d'or. Et maintenant, que le malheur la vienne reprendre ici, chez elle, à mes côtés, il trouvera à qui parler. »

C'était vrai ; la jeune femme était sauvée, et déjà la douce couleur revenait à sa joue, et le sourire à sa lèvre. Elle voyait, elle comprenait, elle était vivante ; elle me tendit la main en me disant : merci !

Elle but une tasse de thé qui la ranima tout à fait. Quand elle voulut parler :

« Tais-toi, tais-toi, lui disait son ange gardien, je sais ce que tu vas dire. Sois calme, *il* est absent, *il* est parti pour ses débauches, *il* ne reviendra pas avant demain. »

Ici je voulus prendre enfin congé de ces dames, mais je fus retenu par celle à qui je venais de donner toute mon âme. Elle me commanda de rester, d'un geste, et j'obéis. Alors on me laissa seul dans le salon, me remémorant tous les détails de cette crise. Il me semblait que je venais de vivre, en moins d'une heure, toute une année, et je tombai dans un immense accablement.

Combien de temps je restai dans ce fauteuil et dans cette ombre, éclairée à demi par le feu de l'âtre, je ne saurais le dire. A la fin reparut ma chère vision, mais cette fois très-sérieuse, et maîtresse d'elle-même. Elle avait mis au lit cette enfant de son adoption ; elle avait attendu, pour la quitter, qu'elle fût endormie, et dans ce repos, si facile aux jeunes années : « Pardonnez-moi, me dit-elle, si je vous ai fait attendre, mais il n'y a que vous, monsieur, qui puissiez répondre à mes questions. Commencez, cependant, monsieur, pour être juste, par être indulgent. Songez à la jeunesse, à l'inexpérience, à l'abandon, à l'oisiveté des vingt ans de cette innocente; en même temps, rappelez-vous l'indifférence et l'abandon de ce mari sans vice et sans vertu; tenez-nous compte, enfin, du crime et des séductions de ce perfide et triste amoureux, ce misérable Santis, qui se fait un jeu des larmes les plus amères. Comme intime ami de la maison, il venait chez nous à toute heure. Il était à la mode, on ne parlait que de ses bonnes fortunes dans le grand monde et dans le bas monde; il s'imagina qu'il serait déshonoré par notre résistance même. Hélas! vous savez le reste. Il ne demandait qu'une séduction à domicile, et quand il aura vu qu'il allait porter tout le poids de ses lâchetés et de ses mensonges, il a brisé le pacte, il a fermé sa porte à cette beauté souveraine. O l'indigne! Ai-je bien deviné? est-ce bien cela, monsieur? »

Je répondis de mon mieux à ces questions multipliées :

« Oui, madame, vous avez deviné tous ces crimes; mais ils ont été commis avec des circonstances particulièrement horribles. » Alors, je racontai ce que j'avais appris d'un témoin oculaire, et, tout d'un coup, m'interrompant moi-même :

« O malheur! m'écriai-je... Hélas! vous croyez, madame, que tout est sauvé... tout est perdu! Ne m'interrogez pas! »

A ces mots terribles, si vous eussiez vu l'épouvante et l'étonnement de cette admirable fille, et les regards qu'elle jetait sur moi, cherchant à comprendre, à deviner ce dernier secret, au milieu du débris de ses espérances ! Elle était haletante, elle écoutait, elle tremblait ; moi, j'étais pâle et j'avais peur.

A la fin, reprenant tous mes sens, je revins lentement sur cet affreux détail que j'avais oublié, et qui maintenant me revenait en mémoire : une femme, une héroïne abominable des histoires les plus scandaleuses de Paris, un monstre capable et coupable de tous les crimes, avec le geste et sous les habits d'une poissarde, avait reçu ma belle inconnue sur le seuil de la porte de ce misérable Santis, et l'avait chargée d'invectives, au nom même de l'amant que l'imprudente venait chercher de si loin. Puis, d'une voix menaçante, elle avait ajouté cet ordre absolu : « *Tu* viendras ce soir, à minuit, dans un bal que je donne, et tu me redemanderas, les mains jointes, cette lettre et ce portrait, sinon je les livre à l'assemblée. Alors, je saurai ton nom, ce nom que ton lâche amant n'a pas voulu me dire, et tu seras, demain, la risée et le mépris de toute la ville. » Elle a dit cela, madame, elle a dit cela ! Je connais cette femme ; encore une fois, elle est capable de tout, et ce qu'il y a de mieux à faire est encore de lui obéir.

Il y eut ici, entre mon interlocutrice et moi, un profond silence. Elle avait la main sur ses yeux, elle pleurait, cherchant un dénoûment à ce drame funeste. Enfin, relevant sa tête de Minerve irritée :

« Écoutez-moi, me dit-elle. Il est impossible, absolument, d'exiger de cette infortunée un seul acte de courage. On jouerait sa vie à la vouloir retirer de cette affreuse léthargie. Et cependant, je suis de votre avis, nous ne saurions livrer la partie à cette mégère. Elle tient sa proie, elle veut sa vengeance; elle songe à l'effet qu'elle va produire, à la gloire et surtout au bruit qui lui reviendront de cette infamie. Eh bien ! mon parti est pris. J'ai dix-huit ans ; j'ai vécu jusqu'à ce jour, dans la solitude et le silence, uniquement occupée à défendre, à protéger cette aimable et douce créature. Ainsi, j'ai beaucoup à risquer à me jeter sans rémission dans ces tristes hasards ; mais je suis forte et résolue, et quand je devrais me perdre, à tout prix, il faut que je la sauve, et j'irai, cette nuit même, à sa place, au devant du péril.

— Mais, madame, y songez-vous? m'écriai-je; et quelle défense, et quelle protection pouvez-vous implorer dans cette réunion de tous les vices?

— Monsieur de Genlis, me dit-elle, refuseriez-vous, si je vous priais de m'accompagner dans cette aventure, d'être mon chevalier? Mais quoi!

vous relevez d'une longue maladie, et les forces vous manqueront... J'irai seule!

— Oh! pour cela, non, madame; et, Dieu merci, je suis encore assez fort pour vous défendre. Acceptez donc le bras que je vous offre, et cependant, dites-moi comment vous savez ma convalescence et mon nom?

— Il y a seize ans que je sais votre nom, monsieur de Genlis; nous sommes du même village; vous étiez le petit seigneur, j'étais la petite fermière. On m'appelait Annette.

— Et moi, j'étais Lubin. Que je suis donc content de vous retrouver, ma chère Annette! Eh! que vous êtes devenue une grande et belle personne, avec toutes les apparences d'une reine! »

Sur l'entrefaite, une femme de chambre annonça le docteur Fortin.

« Voilà, dit Annette, l'indiscret par qui je sais votre longue maladie; il ne se doutait guère de l'intérêt que j'y prenais. C'est un bon homme, on peut compter sur lui.

— C'est mieux qu'un bon homme..., un homme amoureux, vous voulez dire. Il vient vous chercher, je le sais, pour vous conduire, en grand mystère, au petit dîner qu'il a préparé tout exprès pour ses amours. Il est décidé même à vous offrir sa main si c'est votre condition.

— C'est bien cela, » reprit-elle.

En ce moment le docteur Fortin se présentait dans son plus bel habit, tenant à la main un bouquet de trois belles roses, qu'il avait empruntées à sa jeune malade, Mme Prévost. Il avait vingt ans de moins que ce matin, la taille droite et le front rayonnant. C'était vraiment l'ancien homme à bonnes fortunes, bien élevé, bien tenu, et tout entier à l'heure présente. Il recula de deux pas, à mon aspect :

« Je vous croyais mort, dit-il ; comment donc vous trouvez-vous ici ?

— M. le chevalier, reprit Annette, est venu demander à dîner à son amie d'enfance Annette, et quand il a su que vous m'aviez invitée, il s'est invité lui-même.

— Et d'autant mieux, repris-je, ma chère Annette, que je sais le menu du dîner. C'est fabuleux ; le docteur a composé son chef-d'œuvre en votre honneur. »

En ce moment, le brave homme hésitait entre la moue et le sourire. Il ne revenait pas de son étonnement. A la fin il prit son parti en galant homme :

« Oui-da, ce n'est pas le docteur, c'est l'ami qui vous invite, me dit-il. A demain la petite centaurée, aujourd'hui le vin de Champagne, et tant pis pour vous si vous mangez trop.

— Vous, cependant, mon cher docteur, reprit Annette, soyez le bienvenu, on vous attendait céans. Nous avons la fièvre, nous gardons le lit; voyez où nous en sommes, et surtout faites-nous dormir. Il faut que nous dormions jusqu'à une heure du matin, jusqu'à l'heure de ma rentrée. »

Sur quoi le docteur entra dans la chambre voisine, pendant qu'Annette allait mettre un domino. Elle revint l'instant d'après, dans le costume traditionnel de l'intrigue ; à peine on l'eût reconnue. Elle avait enfermé dans la dentelle ses cheveux, brillants comme le soleil ; des bottines de satin allégeaient sa démarche ; on devinait un jupon simplement ourlé sous sa robe en taffetas noir. Il sortait de toute sa personne une suave odeur de jeunesse et de probité. Elle prit le bras du docteur et me tendit la main, comme si elle eût voulu me demander pardon de la préférence. J'eus l'honneur de placer son manteau sur ses épaules, et quand elle eut fait toutes ses recommandations, elle descendit le perron d'un pied leste. A chaque marche, elle reprenait courage :

« Allons à pied, dit-elle, chez ces fameux Frères-Provençaux, nos voisins, où je vais dîner pour la première fois. »

A peine eus-je le temps de commander à mes

gens de se retrouver exactement à la même place à minuit.

Cette maison de fête et de plaisir des Frères-Provençaux échapperait à la description la plus habile, en certains jours de l'année. On dirait, de loin, un incendie. On respire aux soupiraux de ces vastes cuisines l'odorante vapeur de tous ces mets, destinés à l'insatiable appétit du Paris des puissants et des riches. Les fourneaux pétillent, les broches tournent, chargées de faisans, de perdrix et de bécasses. Le pot-au-feu est une cuve ardente. On dirait que l'Océan envoyait, ce matin même, sous ces voûtes, ses poissons les plus introuvables. Une armée de cuisiniers, sous les ordres de leur général, accomplissent, sans confusion, toutes ces évolutions nécessaires au chef-d'œuvre. En ce lieu sont contenues toutes les épices, toutes les saveurs. La glace et le feu semblent associés à la même œuvre. Au-dessous des cuisines est creusé un vaste labyrinthe qui se partage à l'infini en rues et carrefours qui portent les noms glorieux de tous les vignobles que mûrit le soleil. Chaque bouteille a son cachet, sa forme et son histoire. Il y en a qui viennent du fond de la Hongrie; on en voit à toutes les estampilles célèbres du Rhin allemand. Le vin d'Aï remplit un vaste espace; on se promène à travers la grande rue de Mâcon et la grande rue de Bordeaux, chacun des coteaux célèbres de la Gironde étant représenté dans ces murailles de verre. Ici le grand silence, et plus haut la vie et le mouvement. Un palais des *Mille et une nuits* s'est élevé sur ces voûtes, à l'usage des consommateurs vulgaires. Le passant qui va je ne sais où, la tête vide et les bras ballants, soudain s'arrête en ce lieu pour le plaisir d'entrer dans un vaste salon, où il peut dîner en voyant passer sous ses yeux le va et vient du Palais-Royal. Entrer là est déjà une fête ; on voit dans ce salon du bon appétit, de beaux visages où la coquetterie et la gourmandise se disputent la palme avec le plus aimable enjouement. Les honnêtes gens qui n'ont rien à cacher sont contents de se trouver sous ces plafonds dorés, en belle et bonne compagnie. On boit avec mesure ; le vin est bon, la chère est bonne. Un vent tiède circule à travers les tables réunies :

« Si nous dînions dans ces salons ? disait Annette.

— On mange ici, on ne dîne que là-haut », reprenait le docteur.

Et nous voilà tous les trois, montant par un vaste escalier couvert de tapis et garni de fleurs. Les convives en retard arrivaient. Ces discrets petits salons se remplissaient sans bruit de jeunes femmes et de jeunes gens, suivis bientôt des hommes faits et des vieillards, les tout-puissants de ce bas monde. Ici s'étaient donné rendez-vous les généraux revenus de la guerre et les grandes coquettes qui leur envoyaient, tous les jours, sous la tente, une chronique de Paris. Les poëtes ne manquaient pas, non plus que les bourgeoises, émerveillées à l'avance, et qui laissent toujours dans ces cabinets particuliers un brin de leur bonne renommée, une frange de leur manteau. C'était, dans ces salons clos, le murmure animé, nous avons presque dit l'idiome intelligent de l'Europe entière. On y parlait toutes les langues, comme on y buvait de tous les vins. Chacun pour soi !... Chacun s'inquiétant de sa voisine, et fort peu de son voisin. On entendait parfois le choc des verres ou le *speech* de quelque Anglais venu tout droit du club de la réforme. En effet, pour les nouveaux venus qui traversaient pour la première fois ces corridors cabalistiques, il y avait un grand sujet d'étonnement, que disons-nous? d'admiration, de se trouver transportés par quelque enchanteur dans cette oasis des deux mondes. Au fronton mystérieux était écrit en lettres invisibles : *Palais de Thélème, et... tout ce que tu voudras, tu l'auras.*

Le docteur Fortin était un habitué de la maison. Il y venait parfois pour son propre compte, et le plus souvent sur l'invitation d'un client ressuscité. Il avait le privilége, assez rare, de s'asseoir à côté de la dame du comptoir, et de composer une seule carte à son usage, de tous ces *menus* si divers. Rien qu'à les lire, il reconnaissait la qualité de l'amphitryon et l'honorabilité de ses convives. Si la carte était sage, sans avarice et sans profusion :

« Voilà, se disait le docteur, d'honnêtes gens qui tiendront d'honnêtes propos, et qui payeront gaiement leur dîner. »

Mais si la carte insensée allait, sans logique et sans choix, des plats les plus rares aux inventions les plus folles; si les noms les plus grotesques dissimulaient les mets les plus vulgaires ; si ces gens-là s'occupaient beaucoup plus du grand prix des vins rares que de la véritable valeur des bons vins :

« Dîner de parvenus, dîner de petits-maîtres en compagnie des falbalas de l'avant-scène, un menu de faquins ! » pensait le docteur.

Il reconnaissait le dîner des joueurs à sa courte durée, et le repas de l'ambitieux à son décousu. Parfois il riait sous cape en disant : « Le beau tête-à-tête ! On se regarde... on dîne par cœur ! » Enfin, et s'il rencontrait une heureuse innovation dans quelque aimable dîneur de nouvelle date, et contents l'un de l'autre, où trois plats suffisent, plus un bouquet de violettes, monsieur le docteur en faisait gentiment son profit. A toutes ces causes, et comme il avait eu le grand soin de commander son dîner la veille, nous trouvâmes une antichambre éclairée de deux bougies, et dans le salon une table à deux couverts, étincelante de propreté, de porcelaine et de cristal. Je regardai Mlle Annette; elle ne parut pas décontenancée à l'aspect de ces deux couverts; elle fut la première à en demander un troisième :

« Il y a de quoi dîner pour trois dans un dîner commandé pour deux, s'écria le docteur, surtout quand on amène un convalescent, un condamné à mort. »

Le dîner fut long et fut bon. On vous en a dit le menu au premier chapitre de cette histoire; il n'y eut rien de changé; on ajouta seulement une bouteille de clos-vougeot.

« Ah! docteur, que nous voilà bien loin de la mauve légère et de la chicorée agréable aux estomacs délicats!... Garçon, disais-je encore, avez-vous préparé une infusion de petite centaurée à la glace? » Et chacun de sourire.

Ce fut vraiment un temps d'arrêt charmant dans les terribles pensées qui remplissaient le cerveau de la belle Annette, et qui me préoccupaient. Nous causions cependant, Annette et moi, comme deux amis qui se retrouvent après une longue séparation. Nous parlions des vieillards, des jeunes gens, des enfants de notre *endroit ;* nous en étions déjà à ce charmant *Vous souvenez-vous ?* qui va si loin et si longtemps, de la plaine au vallon, de la chaumière au château, de la ruine à l'église, du ciel à la terre. — *Vous rappelez-vous ?...* C'est le coup de baguette ; il évoque les temps passés, il ramène au grand jour cet adorable *autrefois !* lorsque *autrefois* n'a pas vingt ans : voici le ruisseau, voici la prairie, au loin la forêt, le bleu partout. L'abeille errante allait par ces sentiers, dans nos jardins. Nous disions encore le chant de l'alouette, et la petite chanson du bouvreuil. Avons-nous assez escaladé la montagne, assez grappillé dans la plaine au temps des moissons, assez joué dans le cimetière, où le saule envahit le souvenir des morts !

« Et vous rappelez-vous, ma chère Annette, une enfant qui jouait avec nous ? Elle était si fluette et si mignonne, elle avait des yeux couleur de pervenche ; on eût dit qu'elle n'était pas de la terre, et qu'elle irait, demain, là-haut, dans sa patrie. Elle était un ange encore plus qu'une enfant.

— Cet ange et cette enfant, monsieur le chevalier, Claire d'Erbrun, est justement la femme que vous m'avez ramenée au moment où je désespérais de la revoir. Elle est nôtre, et vous vous rappelez sans doute que son père était un grand ami de votre père ?

— Oui-da, je m'en souviens. Celui-ci avait sauvé la vie à celui-là. C'étaient deux compagnons de l'épée. Ils s'étaient rencontrés sur les mêmes champs de bataille, et mon père, en mourant, m'avait recommandé de ne jamais oublier la reconnaissance et les respects que je devais à M. d'Erbrum. Mais il mourut peu de temps après mon père, et maintenant je m'estime un homme heureux si j'ai contribué à rendre à sa fille un de ces grands services qui vous font quitte avec tous les devoirs. »

Tels étaient nos discours, mêlés de tristesse et de joie; et le docteur nous écoutait, se souvenant que, lui aussi, avait eu sa part dans toutes les bonnes fortunes du mois d'avril.

« Mais enfin, disait-il, vous voilà réunis, vous vous êtes retrouvés : qu'allez-vous faire et que devenir?

— Cher docteur, lui dis-je, il n'y a pas vingt-quatre heures que ma réponse eût été nette et prompte. On ne retrouve pas impunément cette grâce et cette beauté toutes chargées de la musique et des parfums de la patrie absente; et comme André Chénier l'a très-bien dit:

Je sais qu'on ne voit point d'attraits plus désirés
Qu'un visage arrondi, de longs cheveux dorés ;
Dans une bouche étroite un double rang d'ivoire,
Et sur de beaux yeux bleus une paupière noire.

« Mais vous ne savez pas, docteur, vous qui m'aviez tant recommandé d'être à l'abri de toute émotion : à peine aviez-vous quitté mon logis, un homme est venu brusquement, qui m'apportait la triste nouvelle que j'avais perdu cinquante mille livres de rentes, le plus clair de mon revenu ! J'étais riche, hier encore, et je suis à peine à mon aise aujourd'hui. »

A ces mots je vis briller dans les yeux d'Annette une joie, un contentement.

« O chère enfant ! lui dis-je, si je regrette ma fortune, c'est à cause de vous. »

Pendant que nous parlions, les heures s'en allaient et devenaient plus sombres. Le dénoûment approchait, terrible, et nous étions tout à fait retombés dant le sérieux. On voyait qu'Annette appelait à son aide une résolution qui lui manquait. J'étais épouvanté moi-même de l'étrange accident que nous allions courir. Annette expliqua tout ce drame au docteur Fortin.

« Oui, dit-elle, j'y suis résolue ; à tout prix j'aurai la lettre et le portrait. »

Vaine espérance ! effort impuissant ! Plus la vengeance approchait, plus la jeune personne ici présente était agitée, inquiète et malheureuse. Soudain, ce grand courage était tombé, et de tant d'espérances il ne restait plus que le souvenir. Annette elle-même avait fini par reconnaître qu'elle ne savait plus comment s'y prendre. Ah! qu'elle était malheureuse et désespérée! En ce moment, son regard plongeait dans le jardin du Palais-Royal, faiblement éclairé par les feux de la galerie.

« Hélas! disait-elle, il y eut cependant ici-même une femme, une vengeresse, assise sur un humble banc de pierre, Charlotte Corday, qui s'en vint rêver au beau crime qu'elle allait commettre. Elle était convaincue; elle n'hésitait pas; elle embrassait les enfants qui jouaient autour d'elle, attirés par le charme austère de sa beauté. Puis, l'heure étant sonnée à cette futile horloge, elle se lève, et s'en va droit à ses vengeances. Elle était vraiment bien la digne fille du grand Corneille, et moi, je le comprends à cette heure, je ne suis que la fille d'un paysan. »

Voilà comme elle parlait, de sa voix la plus touchante. En la voyant redevenir tout simplement une femme ignorante des actions terribles, je trouvais qu'elle était beaucoup mieux à ma portée. Une héroïne, une vengeresse, en l'admirant beaucoup, eût laissé dans mon âme une grande frayeur. Je n'ai jamais compris que l'on pût épouser ces vertus guerrières, et que Jeanne Darc ou Mlle de Corday eussent été faites pour le toit domestique et le coin du feu. Il fallait des temples à ces grands courages; il leur fallait le Panthéon. Je pris la main d'Annette: « Allons, lui dis-je, il faudra bien que nous nous chargions, nous autres hommes, de venir à bout de cette terrible femme. Au fait, elle vous souillerait de son contact. »

Vous ai-je dit que notre cabinet particulier n'était séparé que par une cloison du grand salon, où déjà tout se préparait pour ce bal annoncé d'une façon si funeste. Déjà s'allumaient les lustres, dont la clarté traversait le joint des portes. L'orchestre, en habit de paillasse, accordait ses instruments. Les domestiques en livrée, et portant sur la jarretière de leur bas de soie le chiffre et les armes de leur digne maîtresse, préludaient par de grands verres de punch aux plaisirs de cette nuit terrible. En ce lieu splendide, un galant homme eût respiré une abominable odeur d'indigence et de luxe. Ici, ces lustres brûlants, la dette et la profusion, le désordre et la magnificence à son extrême limite, allaient lutter avec la licence, avec l'esprit, avec les plus jeunes seigneurs de notre vieille noblesse, affichant à leur bras sans force et sans vertu les plus abominables filles de la fange et du ruisseau. O marquis dont les noms et le blason se retrouvent dans la salle des croisades, qu'avez-vous fait de votre orgueil? N'êtes-vous pas honteux d'accompagner ces margots encore imprégnées de la nauséabonde odeur de l'échoppe ou de la loge maternelle? Hélas! que je vous plains, jeunes gens déshonorés par des vices et des passions dont vos laquais ne voudraient pas!

Cependant, par une fente de la porte dont le docteur Fortin avait le secret, chacun de nous, à son tour, vit entrer dans ce salon des sirènes étincelantes de pierreries et les bras chargés de carcans d'or, les prêtresses les plus célèbres de la Vénus impudique. Elles arrivaient sur ce parquet, brillant comme un miroir, du même pas que si elles eussent marché à la bataille, et de la tête aux pieds, du satin de leurs souliers aux perles de leurs cheveux, tout était perfidie et vanité, merveille et mensonge, illusion, trahison, mendicité. Elles parlaient à ces beaux jeunes gens comme s'ils eussent été leurs esclaves; elles tutoyaient, croyant les glorifier, ces derniers représentants de la race antique. Ils étaient souvent plusieurs autour de la même infante; ils avaient fait de son sourire une société en commandite, et c'était à qui obtiendrait, par toutes les lâchetés de l'attitude et de la parole, une préférence imperceptible sur ses dignes associés. Dans la foule erraient, dédaigneux et folâtres, les prédécesseurs de ces messieurs, que ces dames avaient peine à reconnaître; et plus d'un vieillard, la poitrine chargée de décorations menteuses, la bourse vide autant que la tête, folâtrait et batifolait autour de ces damnées. Peuple et sénat, artistes, écrivains, ambassadeurs des nations, étaient également représentés dans ce pandémonium abominable et rutilant.

La reine de la fête, Victorine, la fameuse Victorine, avait échangé sa robe de la halle contre un costume magnifique, où les souvenirs d'Aspasie et de Mme Dubarry, la ligne droite et le contour, la chlamyde et le pet-en-l'air, Corinne et Marton, se mêlaient dans une confusion et dans une profusion qui n'appartiennent qu'aux femmes perdues. Le plus habile esprit aurait peine à se rendre un compte exact de ce mélange extravagant des ornements les plus divers et des parures les plus opposées. Elle portait ces belles choses de la façon la plus insolente, avec tant de mépris pour ceux qui la regardaient, que ce mépris rejaillissait sur elle-même. Sous son rouge elle était très-pâle; ses yeux grandis lançaient la flamme. Elle allait çà et là, d'un pas convulsif; son ordre était bref, son rire était faux. Nous restions tous les trois, dans l'ombre, à contempler ce requin dans ses eaux.

« On donnerait beaucoup pour être assez loin d'ici, nous disait le docteur à voix basse, et le danger me semble imminent. Si vous vouliez m'en croire, madame Annette, vous renonceriez à votre effrayant projet. On aurait plutôt fait d'arracher son épée au divin Achille que sa proie à cette panthère, et vous vous perdriez inutilement pour votre sœur sans la sauver. »

A ces mots, si remplis d'un découragement mortel, on eût dit qu'Annette se réveillait en sursaut et secouait un mauvais songe.

« Vous avez raison, dit-elle, et cependant je ne rentrerai pas comme je suis sortie. A tout prix, il me faut sauver cette amie sans défense, et j'irai...

—Vous n'irez pas, repris-je; au moins attendez encore, et je ferai de mon mieux. »

Je me levai, très-résolu à tenter l'aventure. Il me semblait que la bonne cause n'était pas tout à fait perdue, et que le hasard, si souvent favorable à ces créatures de perdition, n'était pas toujours sans pitié pour les femmes malheureuses. J'étais un des invités de la fameuse Victorine, et, mieux encore, je vous ai déjà dit qu'elle avait jeté ses plombs sur ma petite personne, et je ne lui déplaisais pas.

« Priez pour moi, dis-je à ma chère Annette,

et vous, docteur, veillez ici, et suivez d'un regard attentif le drame qui va commencer. Que voyez-vous, s'il vous plaît, par ce judas que vous avez si heureusement découvert?

— Je vois des tables de jeu, des femmes de toutes les couleurs et de la même espèce; des enfants qui conduisent des douairières, des fillettes amenées par des vieillards... O ciel, que vois-je!»

La voix du docteur Fortin s'arrêta comme s'il eût vu quelque fantôme. En effet, M. de Rieux, le mari que nous croyions bien loin, venait d'entrer dans cette réunion de tous les déshonneurs, d'un pied ferme et la tête haute. Il portait un manteau vénitien comme on en voit dans les meilleures compagnies Il était très à l'aise dans ce salon; il connaissait tous les hommes, il tutoyait toutes les femmes. Quand il eut salué la maîtresse de céans, il se mit à la table de jeu, et l'on voyait, à l'argent placé devant lui, qu'il passerait en ce lieu de plaisance une partie de la nuit. C'était un homme entre deux âges, de belles manières, mais d'un aspect sévère; beau joueur et grand joueur.

«Cette fois nous sommes perdus, et quand je voudrais intervenir, cet homme aurait bientôt deviné le secret qu'on lui cache.»

Disant cela, Annette était pâle, et de grosses larmes roulaient dans ses yeux.

Je fus bientôt dans le salon d'attente, où les arrivants des deux sexes se regardaient à la glace et se défripaient avant de faire leur entrée : entrer seul était presque une gloire ; entrer seule était presque une honte. Il n'y avait guère que les abandonnées de la jeunesse et de la beauté qui fussent exposées à cette mésaventure. Eh bien! cette belle personne que le docteur Fortin s'était réservée, faute d'une plus belle, Aldegonde, la superbe Aldegonde, attendait un cavalier qui ne venait pas! Elle était vêtue à ravir. On eût dit qu'elle sortait, fraîche et pimpante, des petits appartements de Bellevue ou de Choisy : corsage à la Pompadour, coiffure à la Dubarry. Une élégance, une grâce, une fraîcheur, que rehaussait une vivacité mêlée d'ignorance. Ainsi faite, elle était si jolie! et cependant elle boudait dans son coin, attendant le cavalier qu'elle ne voyait pas venir. Sitôt qu'elle m'aperçut, sa belle joue, exempte de céruse et de fard, rougit de la façon la plus naturelle.

« Ah! dit-elle, me voilà sauvée! et que vous venez donc à propos, monsieur le chevalier, si vous me faites l'honneur de me donner le bras! »

D'abord j'eus quelque peine à la reconnaître.

« Aldegonde, est-ce vous?

— C'est moi-même. Ma tante, hier encore, et ce matin, m'avait promis que je dînerais avec vous, mon jeune maître. Le docteur Fortin, de son côté, m'avait donné rendez-vous ici même, et devait être mon chevalier. Tout d'un coup ma tante m'a déclaré que vous dîneriez seul, et que j'eusse à rentrer dans mon atelier... Mais vous voilà, je suis contente; et tant pis pour le docteur Fortin.

— Vous étiez donc ce matin dans mon humble logis, Aldegonde; et pourquoi donc Mme Brigitte m'a-t-elle privé de votre compagnie?

— Elle a dit que vous étiez ruiné; que les dames revenaient chez vous, et même j'en vis une assez belle que Jean fit entrer en grand mystère. Ah mon Dieu! que la pauvre femme avait peur!

— Vous l'avez donc vue, Aldegonde?

— Oui, monsieur le chevalier; je l'ai vue, au moment où elle ôtait son voile, et je l'ai reconnue : un doux visage entouré de cheveux blonds; l'air triste et malheureux, un habit sombre, un faible sourire. »

Ici je me sentis atterré. Voilà donc cette fillette de ma maison qui savait la moitié de mon secret. Sitôt qu'elle verra la frêle image, elle va la reconnaître.

« Et si vous rencontriez cette dame, Aldegonde, ou seulement son portrait, que feriez-vous?

— Aussi vrai que je suis encore une honnête fille, la dame peut compter sur ma discrétion. Je la connais. Le manteau qu'elle portait, c'est moi qui l'ai fait, et je n'en ai rien dit à ma tante Brigitte. »

Il faut que mon visage se soit tout à coup rasséréné à ces paroles, car la brave enfant me parlant tout bas d'un air content :

« Si vous étiez discret, je vous dirais... Mais non, vous le saurez plus tard !

— Aldegonde, au nom du ciel, dites-le-moi tout de suite, tirez-moi d'une extrême inquiétude, et vous n'aurez pas de meilleur ami que moi. « Alors, elle me conta, avec un gai sourire, qu'elle avait eu l'honneur d'habiller ce soir, chez sa maîtresse même, Mme Charlot, la célèbre couturière, la grande Victorine, qui était une des pratiques de la maison. Elle avait eu quelque peine à refaire un peu la taille, un peu le corsage, un peu le tout, et dans le va-et-vient de ce costume, elle avait vu que la Victorine couvait de ses yeux méchants un portrait-carte qu'elle avait apporté dans son corsage. « En voilà une, disait la méchante créature, « qui va passer sur le minuit un mauvais quart « d'heure! » Et pourtant, ajoutait Aldegonde, ma furieuse pratique avait déjà un pied dans sa voiture, quand elle me dit : « Allez vite, allez vite, et rappor« tez-moi la carte que j'ai laissée là-haut... » Dieu sait si je me hâtai. Je pris la carte de la dame affligée, et je la remplaçai par une autre que j'avais sur moi. « Voilà qui est bien », me dit-elle en cachant ce qu'elle appelait sa vengeance là où d'ordinaire l'on ne cache que les lettres d'amour. « Puis la fillette au beau rire ajoutait : « La bonne aventure ! et que nous rirons bien, tout à l'heure, quand cette abominable va tirer de sa cachette cette innocente image !

— Et, repris-je en tremblant, ma chère Aldegonde, qu'avez-vous fait du portrait ?

— Il est là, dans ma poche, où vous pouvez le prendre... et vous le détruirez. »

Cette fois je respirai librement. Mais quelle intime émotion ! J'étais là, près d'elle, et je sentais la dangereuse épave. Aldegonde se leva doucement, et dans le mouvement qu'elle fit je pris la carte et la cachai dans la poche de mon habit, non pas sans m'être assuré, d'un coup d'œil, que l'amie imprudente de ma chère Annette était sauvée. Enfin donc tout allait pour le mieux. J'allais défier la Mégère, j'assisterais à sa défaite, et devant Annette elle-même elle serait vaincue. O quelle joie ! Aldegonde, triomphante, me prit le bras, et, superbe, elle entra dans le grand salon, contente et fière de sa belle et bonne action.

Annette et le docteur Fortin m'ont dit, plus tard, que mon air était radieux. Annette en ressentît une grande peine en me croyant infidèle, et le docteur une immense jalousie. « Il est fou », disait-il ! « Il est amoureux, disait Annette. Il ne songe plus au secours que nous espérions de lui. »

Grâce à la jeunesse, à la beauté triomphante et, le dirai-je ? à l'innocence relative de ma jeune partenaire, nous fûmes entourés soudain de l'admiration générale. Les hommes se demandaient où donc j'avais trouvé cette splendeur inconnue. Et les femmes, prises d'envie, à voir cette heureuse personne contente, reconnaissaient leur reine à venir. Ce fut autour de nous un murmure, une louange, un étonnement. Avertie à son tour par l'émotion générale, la grande Victorine accourut pour s'en rendre compte, et, voyant à mon bras superbe cette marquise enrubannée, elle fronça le sourcil :

« Ce n'est donc pas pour moi, dit-elle à voix haute, que monsieur le chevalier se rend à ma fête ? Si j'avais su à mademoiselle Aldegonde un pareil cavalier, certes, je ne l'aurais pas arrachée aux chiffonnages de son magasin. Il faut être bien sûre de soi-même pour se donner une pareille rivale. »

En même temps, et sans façon, elle prenait mon bras libre et m'entraînait dans un coin du salon. Je n'ai jamais su pourquoi cette illustre dame avait jeté ses plombs sur ma liberté; mais le fait est, modestie à part, que j'étais dans son esprit le successeur désigné du marquis de Santis. Elle me savait riche et me croyait très-riche. Elle s'était habituée à ma personne, et mes dédains même avaient allumé dans ce triste cœur cette flamme secrète. A l'aspect de la belle Aldegonde, une pivoine au milieu des œillets d'Inde, elle perdit l'espérance, et, s'asseyant à mon côté, dans un coin du salon, juste à l'angle où je savais qu'Annette et le docteur pouvaient nous entendre, elle me fit de violents reproches sur ce qu'elle appelait mon infidélité. Où donc avais-je pris cette ingénue, et quel plaisir pouvais-je trouver à faire l'éducation des demoiselles de comptoir?... Elle parlait d'une voix acerbe; elle avait la fièvre; elle comprenait qu'elle avait perdu tous ses avantages, et sa rage en augmentait.

« Ma chère, lui dis-je avec un ton dégagé, il me semble que vous n'êtes pas dans votre humeur de tous les jours?

— Pardieu, s'écria-t-elle, je voudrais bien vous y voir! Ce matin encore, je commandais à M. de Santis : il était à mes ordres et jurait de m'épouser. Tout à coup je découvre, à n'en pas douter, qu'il me trompe, et je chasse à grand bruit sa maîtresse. Alors il se fâche, il me jette à la porte, et s'enfuit pâle de terreur. Il est à Bruxelles à cette heure, et je suis ruinée. Il n'y a pas dix minutes j'ai perdu contre M. de Rieux, que voilà, jusqu'à mon dernier écu, et pas un de ces messieurs n'accepterait un seul de mes fétiches. Quelle vie, et quel supplice ! » En ce moment rien n'était plus laid que cette Victorine. Au même instant, j'entendis la voix dédaigneuse de M. de Rieux : « Cinq cents louis ! — Je les tiens », répondis-je en jetant mes dix mille francs sur la table. Et pendant que nous attendions la carte gagnante, voilà ce que disait le docteur Fortin à ma chère Annette.

« Il joue... il est perdu. C'est un homme mort. Je le lui ai dit ce matin, la moindre émotion le tuera. Voyez comme il tient par la main Mlle Aldegonde... émotion dangereuse ; et comme il fait semblant de ne pas s'inquiéter du lansquenet... émotion mortelle. Bon ! les cartes sont à leur fin, et tout recommence ! Allons, il a gagné. Ce serait un beau coup pour un homme bien portant ! » En effet, j'avais gagné. Je pris l'argent et, réunissant les deux sommes (ici Victorine se prit à sourire) : « Ma chère Aldegonde, dis-je avec un beau salut, je vous ai vue enfant ; vous arrivez pour la première fois dans une société suspecte : acceptez ces vingt mille livres qui ne me coûtent guère, et mariez-vous avec quelque honnête homme ; je vous servirai de témoin... » Elle prit mon argent aussi simplement que je le lui offrais, et, portant ma main à ses lèvres : « Monsieur, me dit-elle, on vous obéira, et soyez le bien remercié. » La grâce et la satisfaction de soi-même brillaient dans ses beaux yeux, et elle disparut comme une ombre au milieu d'un murmure approbateur.

Mais Victorine, elle était confondue, elle était furieuse, elle rêvait. Minuit sonna. Alors, d'un regard terrible, elle parcourut toute la salle, et, tirant de sa cachette la terrible image : « On perdra, s'écria-t-elle, une discrétion avec les hommes, et le bracelet que voilà avec les dames, si quelqu'un d'entre vous peut mettre un nom sous le portrait que voici... » Son petit discours n'était pas achevé, que le docteur Fortin, ouvrant la porte du cabinet où il était caché : « Misérable ! s'écriait-il, la honte et le déshonneur de tes pareilles ! » Alors, les rires, les quolibets, les gaietés, pendant que l'image allait de mains en mains :

« Docteur, c'est vous ! à moi la discrétion !

— C'est vous, docteur, à moi le bracelet ! »

C'était bien vraiment le docteur Fortin, reconnaissable à son gilet de soie, à sa rosette de la Légion d'honneur, et surtout à ce petit regard malin dont il honore toutes les femmes.

« C'est bien moi, disait-il avec son bon rire. Holà

me voilà tout craché : Amour et discrétion ! » Puis se tournant vers Victorine qui n'y pouvait rien comprendre :

« En vérité, lui dit-il, ma chère madame, je ne croyais pas être aimé de vous à ce point-là ! Tudieu ! une discrétion, un bracelet ! Tout cela pour le docteur Fortin ! C'est beaucoup trop. »

Au milieu des rires et des huées, Victorine eut recours à la grande ressource... Elle se trouva mal.

« Mes enfants, disait le docteur, qui voyait à mon rire que tout était sauvé, rassurez-vous, ça me regarde. Un peu d'eau fraîche et beaucoup de poudre de riz, tout sera réparé en un clin d'œil, et nous danserons jusqu'à cinq heures du matin. »

Annette et moi, nous profitâmes de la bagarre pour sortir de ce lieu maudit. « Je tiens l'image !... » Elle était si légère et si contente ! En cinq minutes, nous étions à sa porte.

« Dieu soit loué ! disait-elle, je vais réveiller ma sœur de cette heureuse nouvelle. »

Et la voilà qui frappe à la porte de son logis. Mais la porte était sourde ; elle fut longue à s'ouvrir, et je revis

..... Dans le triste appareil
D'une portière arrachée au sommeil...

l'horrible concierge, ennemie d'Annette.

« On n'entre pas, dit-elle ; il m'est défendu d'ouvrir à madame... On ne veut pas ici des coureuses de bal masqué. »

Sur quoi, de sa main ridée, elle nous jeta la porte au nez.

Étonnée, et bientôt remise :

« Allons, bon! disait Annette, il ne manquait plus, pour être au grand complet, que la mauvaise humeur de Cerbère... Et maintenant, qu'allons-nous devenir? »

La bise, en ce moment, faisait entendre un petit sifflement plein de frissons ; la nuit était claire et froide, et bien peu de convalescents s'y fussent exposés. Nous en étions là de nos réflexions, quand nous vîmes arriver au petit trot mes deux beaux normands et ma chère berline, avec ses deux lanternes allumées. Cette fois, nous étions sauvés ; ma belle compagne n'hésita point à s'asseoir dans le fond du carrosse, à poser ses deux pieds sur la boule d'eau chaude, avec un soupir d'allégresse.

« Ah! qu'on est bien, disait-elle en jetant son masque, et que j'ai besoin de repos! »

Maître Jean, qui avait prévu toute chose, nous ayant couverts d'une peau d'ours, en moins d'un quart d'heure la voiture entrait dans la cour de mon hôtel. Je trouvais que nous étions arrivés un peu vite. Annette, heureuse, ne tarissait pas sur mes louanges :

« Vous êtes bon, disait-elle, et courageux. Vous m'avez suivie en mes sentiers, sans savoir même où je pouvais vous conduire, et maintenant, à mon tour, voilà que je vous suis, sans reproche et sans peur. Je crois en vous, mon ami d'enfance, et j'espère un peu, puisque aussi bien vous avez perdu, très-heureusement, ce matin même, une part de votre fortune, que si jamais vous prenez une femme, elle s'appellera tout simplement Annette Germain. »

A entendre un pareil discours on irait au bout du monde, sans se plaindre de la longueur du chemin. Vraiment, j'étais heureux d'un bonheur que je n'avais jamais rêvé. En si peu d'heures, je trouvais un caractère, une beauté, une tendresse, un dévouement dont je ne pouvais pas douter. Mais quoi! la fatigue et tant d'émotions, sans une trêve, avaient épuisé toutes mes forces. Je ne savais que répondre à ces douces paroles; j'étais plongé dans une admiration muette. Encore une secousse, et j'étais un homme mort.

Cependant, il était écrit là-haut que j'irais d'étonnement en étonnement jusqu'à la fin de ces terribles et charmantes vingt-quatre heures. J'avais laissé, en quittant mon logis, dame Brigitte, une duègne atrabilaire, et, par enchantement, je retrouvais la plus obséquieuse et la plus câline des servantes.

Dame Brigitte avait fait un grand feu dans toutes mes chambres, éclairées comme pour une fête ; elle avait le sourire à la lèvre, et son premier soin fut de me dire, en s'inclinant : « Que madame et monsieur soient les bienvenus. » Il y avait sous cette bienvenue un vrai mystère, et le voici : Monsieur avait perdu, ce matin même, une part de sa fortune... il l'avait retrouvée à dix heures du soir. Le banquier, parti avec trop de hâte, était revenu du Havre un peu plus riche qu'à son départ, la spéculation sur les sucres ayant parfaitement réussi. Voilà pourquoi ce grand feu, pourquoi ces lumières, la table à thé, l'eau bouillante, et, cette fois, en grande évidence, mes plus belles porcelaines, ornement fragile de ma maison.

« Quoi ! disait Annette, encore une fois vous voilà riche, et je reste une demoiselle à marier ?

— Madame, lui dis-je en m'inclinant, justement parce que je suis riche, accordez-moi votre main, je vous prie, s'il est vrai que vous l'eussiez volontiers donnée à un pauvre homme à demi ruiné.

— La voilà, me dit-elle en me tendant sa belle main picarde, et cependant, puisque je suis un peu chez moi, je voudrais me retirer un instant dans mes appartements pour y faire un bout de toilette... « Au même instant, l'ami Jean rapportait la petite valise, qu'il avait retrouvée en furetant dans un coin du carrosse. Heureux oubli !

« Mais vraiment, dit Annette, c'est un miracle ! Cette valise est à moi ; j'en sais le secret, je l'ouvre, et voilà mon linge uni, ma petite robe, et jusqu'à mes pantoufles. Ma sœur de lait a tout prévu.

« Chère amie ! elle n'a pas voulu venir trop parée à ce rendez-vous funeste ; elle m'avait emprunté ces petites hardes, et je les retrouve au bon moment. » Puis, toute joyeuse, elle entra dans le cabinet de toilette ; elle en revint l'instant d'après, bien peignée, en jupon frais, en petite robe à ramages. On eût dit qu'elle était vraiment chez elle, et je trouvais que si elle était contente, j'étais un homme heureux.

Elle-même elle jeta le thé dans l'eau bouillante, et nous bûmes à petites gorgées, en nous racontant les moindres incidents de notre heureuse et terrible aventure. Elle revoyait cette femme insolente à force de vices. Elle entendait le rugissement de la lionne, et, contrefaisant cette voix au son aigu, elle disait : — *Tu viendras à mon ordre !* Et maintenant, la vipère était écrasée : aussi lâche qu'avide. Plus le danger avait été grand, plus nous nous félicitions de cette heureuse issue. A la fin, le sommeil l'emportant sur tous les souvenirs, je vis ma jeune hôtesse se blottir dans son fauteuil et poser ses pieds charmants sur un coussin qui, certes, ne méritait pas tant d'honneur. La chère et touchante beauté! Ses belles mains languissantes entouraient ce corps souple et charmant; ses yeux se fermaient, en dépit de ses efforts pour les tenir ouverts. Elle s'endormit dans un sourire, et je pus voir sur son beau visage, animé du frais coloris de la force et de la santé, s'agiter doucement les diverses passions qu'elle avait ressenties depuis l'heure de minuit.

Quand elle se réveilla il était grand jour. Le feu, que j'avais entretenu, brûlait dans l'âtre, et j'étais éveillé comme un homme bien portant qui aurait dormi toute la nuit. Tout d'abord, elle semblait étonnée, et se demandait en quel lieu le songe l'avait conduite... Elle me tendit la main quand elle se reconnut tout à fait.

« J'ai bien dormi, dit-elle, et vous? Ce n'est pas là, j'imagine, une maison bien réglée ; il y faudra mettre un peu d'ordre ; et d'abord, nous donnerons son congé à cette aimable servante qui dit si bien : « Monsieur et madame sont les bienvenus. » Je serais aussi d'avis que nous habitassions un logis plus modeste et plus sûr. Il faut se méfier de ces banquiers au pied levé, et ne pas sortir du taux légal. Laissez-moi faire. Avec un seul cheval, nous ferons tout notre service, et cependant, je demanderais grâce pour le beau carrosse qui m'a conduite ici; un peu plus tard, nous le retrouverons quand nous aurons agrandi notre fortune par l'économie et le travail. »

Elle était le bon sens même; elle haïssait l'oisiveté; elle savait par cœur l'histoire de l'*Homme aux quarante écus*. Dans ce milieu oisif et riche, elle était restée une rustique, et plus voisine du bonhomme Richard que des marchands de curiosités et de tableaux. Après un silence, elle reprit:

« Dieu soit loué! je vais, je l'espère, recevoir des nouvelles de ma chère sœur. Un peu de fièvre, un grand sommeil; j'en suis sûre, la voilà calme et corrigée. Ah! qu'elle a vu de près la honte et l'abandon! Comme elle a compris, en si peu d'heures, les périls et les désespoirs de la vie errante, et que vous devez être heureux de l'avoir rencontrée et sauvée avec tant d'à-propos! »

En ce moment s'ouvrit sans bruit la porte du petit salon, et nous vîmes entrer, sur la pointe du pied, le docteur Fortin. Mais, grand Dieu! qu'il était changé! Le papillon était devenu chrysalide. Il avait endossé la douillette puce: un gros rhume était le plus clair de son bénéfice à cette fête préparée avec tant de prudence.

« Eh quoi ! dit-il en levant les bras au ciel, vous n'êtes pas mort ?

— Asseyez-vous là, docteur, reprit Annette, et, je vous prie, donnez-moi des nouvelles. Nous vous avons laissé dans un grand tumulte.

— Et dans un grand triomphe avec mon portrait-carte. On n'a jamais vu, que je sache, dans les plus belles expositions du Louvre, un pareil concours autour du portrait de la femme à la mode ou d'un victorieux. C'était à qui, parmi ces dames, reconnaîtrait et saluerait le célèbre docteur Fortin. Quant à moi, je cherchais le mot de l'énigme, et je l'ai trouvé en reconnaissant la sagesse et le bon goût de ma belle Aldegonde. Ah ! l'aimable fille, et que vous l'avez dignement récompensée ! Elle n'était pas faite pour mener une vie errante à la suite des Victorine. Pour peu que la tante Brigitte nous épargne ses conseils, notre Aldegonde fera souche d'honnêtes gens.

— Mais enfin, docteur, reprenait Annette, parlez-nous de ma chère amie, de ma chère sœur ! L'avez-vous vue, et comment va-t-elle ?

— Elle va bien. Je la quitte. Elle venait de se réveiller, déjà elle appelait sa chère Annette, et quand elle a su tout ce que vous aviez fait pour elle, et qu'elle a pu jeter au feu ce portrait de malheur, elle a battu des mains, de ces petites mains que j'ai tenues dans les miennes. Maintenant, elle demande Mlle Annette; il faut que je la lui ramène, et, j'en suis fâché pour vous, mon cher malade, j'ai promis de la ramener.

— Mais, disait Annette, vous ne savez donc pas, cher docteur, que M. de Rieux nous a fermé sa porte, et que je suis ici contrainte et forcée?

— Vous trouverez la porte ouverte, reprit le docteur. Ce mari trop heureux n'est point rentré de toute la nuit; quand il rentrera, c'est lui qui demandera pardon de sa conduite; c'est lui qui va prier sa chère épouse de le suivre en sa maison des champs. Il a bien fait d'être en perte et de jouer de malheur; il n'eût pas échappé aux embûches de Mlle Victorine, qui, faute de mieux, s'est mise à courir après son digne amoureux, M. de Santis. Et tout est bien qui finit bien. Quant à moi, j'ai la fièvre. Adieu, et je vais me mettre au lit. Portez-vous bien, mes enfants.

— L'étrange événement, mon cher docteur! Vous voilà malade, et chaste comme un petit saint Jean. O vanité de tant de sages précautions! Quel beau pari j'aurais gagné!.....

— C'est vrai, reprit le docteur, j'avais compté sans mon hôte.

— Et sans l'amour, reprit Annette avec un doux sourire plein de promesses, qu'elle a tenues un peu plus tard. »

LA DOUANE ET L'AMOUR

LA DOUANE ET L'AMOUR

I

Nous avons le projet de raconter comment l'un de nos contemporains, plus avancé que nous de quelques années, a traversé, sans reproche et sans peur, l'immense et dangereux espace de l'histoire moderne qui contient : Louis XVI, — le Peuple Souverain Ier, — Bonaparte, consul à vie, — Napoléon Ier, empereur, — Louis XVIII, — Charles X, — Louis-Philippe Ier, — le Peuple Souverain II, — Louis Bonaparte, président, — Napoléon III, empereur. C'est toute une histoire, *une longue histoire* à notre usage, où nous allons nous reconnaître et nous revoir les uns et les autres, conduits dans ces difficiles sentiers par un galant homme appelé M. Boucher de Perthes, digne héritier d'une maison noble de la cité d'Abbeville, où depuis plusieurs siècles ils occupent le premier rang.

L'enfant avait cinq ans à peine lorsque, voyageant avec sa mère dans une chaise de poste à quatre chevaux, il entendit un municipal qui tutoyait sa mère et l'appelait *citoyenne.* Or, la *citoyenne* était jeune et belle, et semblable à quelque reine en voyage. Son mari lui-même ne l'avait jamais tutoyée. Au reste, à son premier *tu* le farouche municipal comprit qu'il avait fait une sottise, et finit par saluer jusqu'à terre Mme la Cidevant. Ils arrivèrent ainsi, la mère et l'enfant, à Crespy-en-Valois, chez Mme de Perthes la douairière. Ils la trouvèrent consignée en sa propre maison, sous la surveillance du citoyen Capucin. Ce malheureux jacobin était devenu, en peu de jours, le souffre-douleur des femmes de chambre; la cuisinière lui faisait tourner la broche, et le cocher panser ses chevaux. C'est à peu près tout ce que notre héros a connu des misères de la Terreur. Du reste, on était fort à l'aise à Crespy-en-Valois. Il y venait librement même des guillotinés, car l'enfant était si jeune, qu'il prit pour une des victimes de Robespierre un brave homme d'oncle qu'il avait, et il ne comprenait guère de quelle façon sa tête était rattachée. Heureux les enfants, dans ces crises violentes! On lui donna cependant un précepteur, un petit abbé, très-dépaysé dans ce monde ouvert à toutes les ambitions. Bientôt l'abbé se fit soldat. Quoi d'étonnant? Il y avait dans l'air un appel à toutes les forces. On se faisait dragon par inspiration; on allait se battre... et: Vive la République! L'abbé parti, l'enfant fut conduit par son père à une religieuse, la citoyenne Gosse. Elle était grande et sérieuse. Au milieu d'un troupeau d'enfants qui l'entouraient, elle se tenait droite, une baguette à la main, et la baguette allait de l'un à l'autre écolier sans jamais se tromper. Ainsi régnait la sœur Gosse, et si nous disons la *Sœur*, c'est uniquement par déférence. On l'avait chassée, il est vrai, de son couvent, mais elle n'avait pas dépouillé sa robe et son voile: ainsi vêtue, elle a courageusement défié la Constituante, la Convention, la Terreur, le Directoire et les polissons d'Abbeville. Elle eut l'honneur d'apprendre à lire aux petits citoyens et aux petites citoyennes confiés à sa garde, et les uns et les autres en avaient gardé un souvenir cuisant.

Un peu plus tard, la République étant tombée, on n'entendit plus parler dans Abbeville et ses environs que de combats sur terre et sur mer: siéges, batailles, mines et contre-mines. Les anciens soldats racontaient les guerres qu'ils avaient faites aux nouveaux venus qui partaient à leur tour. Un nouveau monde évidemment allait surgir de toutes ces ruines. Rien n'était plus debout dans l'église, dans les châteaux, dans les monuments, dans les croyances. La sœur Gosse était le seul échantillon du temps passé. Il y avait bien aussi le père Gervais, qui avait été, pour commencer, un porteur de soutane, et qui, dans les mauvais jours, s'était souvenu de tout le latin qu'il savait pour l'enseigner aux jeunes gens de la ville. Il en savait si peu... Au dire de ses écoliers, il en savait trop. Si ces pauvres enfants avaient pu se douter de la patience et de la charité des anciens maîtres de la jeunesse, si quelqu'un eût raconté à ces jeunes gens, qui ne demandaient qu'à s'instruire, les grâces et les bontés des universitaires héritiers de Rollin et du père Coffin, l'aimable austérité des maîtres de Port-Royal, et ces savants pères jésuites aimés de leurs disciples, parce que leur science était aimable, et ces doctes instituteurs de l'Oratoire, qui avaient donné au monde lettré le cardinal de Bérulle, Mascaron, Massillon, combien ces jeunes gens sans maîtres auraient compris l'impuissance et la misère de la sœur Gosse et du père Gervais ! Le danger est grand de toucher à ces institutions savantes ; elles ne se refont pas en un jour; la génération de ce matin, ignorante même de l'ancienne grammaire, est la première à payer ces grands désastres. Au fait, pourquoi donc tant de latin, à quoi bon ramener ces enfants dans les écoles d'Athènes? Ils en savaient toujours assez pour être officiers de cavalerie, ingénieurs, barons ou sénateurs. On dirait volontiers, en parodiant un mot célèbre : *Les peuples n'ont guère que l'éducation qu'ils méritent.* C'était donc à bon droit que le dix-septième siècle fut élevé par Homère, Virgile, Horace et Cicéron. Mais revenons au futur douanier. Ce petit mal élevé se prit tout d'un coup d'une grande ardeur pour les voyages en pleine mer.

Les Anglais, nos ennemis, étaient maîtres de l'Océan; seulement, les corsaires de Dunkerque, de Dieppe et de Boulogne, inquiétaient fort les vaisseaux anglais. A ce métier, plus d'un corsaire avait gagné fortune et renommée. Un de ces capitaines, très-habile et très-heureux, se trouvait dans Abbeville aux vacances de 1801, et, sur la prière de son père, il promit de montrer au jeune aspirant de marine un vrai combat naval. C'est convenu; le voilà parti. Mais sa première caravane lui sembla rude, et bientôt il trouva que la vie de matelot pourrait s'échanger contre une immense flânerie à travers les campagnes, un fusil à la main. Cette fois le matelot s'était fait chasseur, et comme, un jour, il s'était égaré avec quelques amis de son âge, ils trouvèrent l'hospitalité chez un bonhomme de curé qui les fit coucher sur la paille, et jeta sur eux, en guise de couverture, le drap mortuaire de son église. Ils dormirent comme des bienheureux! Dans cette même année, au mois de février 1802 (le jeune homme avait déjà quinze ans), il commença ses exercices dans un manége improvisé, dont le professeur était un maréchal des logis, propriétaire de deux mauvaises bêtes : le *Carnassier* et le *Corbeau*. On n'était pas sitôt monté sur le *Carnassier* qu'on eût voulu monter sur le *Corbeau*. Mais pas un n'était le maître au manége de M. Noseille. A la fin, grâce à *Corbeau*, grâce à *Carnassier*, grâce à deux jambes vigoureuses, qui déjà se dessinaient comme si elles eussent compris quelle destinée les attendait, le jeune homme devint le rival de son Pluvinel. Il eut aussi un maître à danser, il dansa; mais qu'il était timide et poltron! Comme il rougissait sitôt qu'il fallait présenter la main à sa danseuse! et si la danseuse accordait au jeune monsieur un coup d'œil ironique ou tendre, il regrettait *Carnassier*, il regrettait maître *Corbeau*. De tous ces détails, un peu longs, résulte une vie innocente, une adolescence digne de respect. Rien de bien dangereux dans les premiers sentiers de ce jeune homme, et, d'ailleurs, son père était là qui, dans toutes les crises, le renvoyait parmi les flibustiers de l'Océan. Une promenade en mer, en ce temps-là, était pourtant chose dangereuse. Les Anglais ne ménageaient guère ces malheureux petits bâtiments montés par des matelots de pacotille. Or, la croisière achevée, M. le surnuméraire honoraire à la résidence d'Abbeville rentrait dans le bureau de son père, qui lui faisait copier ses lettres, ce qu'il regardait comme le comble de l'humiliation.

Cependant le premier Consul, qui remuait dans sa tête féconde une suite de projets mêlés de réalités et de songes, s'en vint un jour (c'était en 1803) dans sa bonne cité d'Abbeville, où il passa vingt-quatre heures. Il n'était pas déjà de très-bonne humeur, lorsqu'en traversant un pont de bois qui venait d'être achevé en son honneur : — « Je voudrais bien savoir, dit-il, quel est le manœuvre qui a fabriqué ce pont là ? » Le manœuvre était justement le chef de l'escorte qui conduisait le futur empereur. Un peu plus tard, il s'en revint aux mêmes lieux (nous vous avons dit qu'il avait ses projets) avec sa femme, une dame de compagnie et sa servante. Et, bien que la dame fût très-belle, on ne regardait que le monsieur. Il n'était guère plus content que le premier jour, et jurait comme un païen contre des bottes neuves que lui avait fait un manœuvre de Paris : — « Ah! chien de bottier! maudit bottier! animal! Avez-vous des cors, monsieur Boucher? Vous êtes bien heureux ; ce sont les cordonniers qui nous les donnent. Votre ville est une ville de tanneurs. » Et les b..... et les f..... de se mêler à cette aimable conversation. Pourtant, le même soir, la ville entière enviait à M. Boucher de Perthes ce long tête-à-tête avec le géant.

II

A la troisième rencontre du premier Consul et du chef des douanes d'Abbeville, le maître était en culotte blanche et bottes à l'écuyère, et cette fois la botte était faite à son pied. Mais, chose étrange...., il était d'une humeur exécrable. Il avait couvé son projet, il l'avait même jeté sur le papier. Il comprenait très-bien, sans le dire à personne, qu'à ce projet si longtemps médité toute sa fortune était attachée. Il s'agissait, en effet, du blocus continental et de l'Europe fermée aux marchandises anglaises. Or c'était chose à ne pas oublier, ce vainqueur de l'Italie et ce futur Empereur des Français voulant à toute force obtenir l'assentiment d'un obscur employé de ses douanes, et cet employé résistant non-seulement par son attitude et son regard, mais par des motifs qu'il disait à haute voix et qu'il soutenait d'un geste énergique. Et plus M. Boucher de Perthes résistait, plus le maître absolu semblait animé de sa propre fantaisie. Il élevait la voix, il frappait du pied. Le jeune homme s'imagina un instant que le consul allait battre son père, et comme le père était en état de se défendre, le jeune homme gagna prudemment la porte. Il n'y a rien de pareil dans les histoires écrites par les historiens de profession. De cette étrange scène il résulta dans l'esprit du jeune Boucher que la douane était chose considérable, puisqu'elle inquiétait à ce point le tout-puissant, et il résolut d'être, à son tour, un employé des douanes. On ne bataille point avec sa destinée. Hélas! les douaniers, placés à tous les avant-postes de l'Empire, étaient cent fois plus malheureux et plus exposés que les soldats. Haïs de tous, entourés de violences, ils n'avaient ni paix ni trêve. Ils imposaient de force, à des populations nouvellement conquises, des lois draconiennes. Les soldats les trouvaient trop riches; les officiers leur en voulaient de leur exactitude, et si quelques-uns, par faiblesse ou par ignorance, oubliaient leurs terribles devoirs, ils étaient destitués comme douaniers et fusillés comme soldats. Double peine et double injustice. Et le moyen d'éviter? L'Empereur Napoléon (il a franchi le fossé!) était le plus enragé douanier de son empire. Il s'était dit que par le blocus continental il écraserait l'Angleterre, et que rien n'était plus facile que de forcer l'Europe entière à soutenir cette abominable *mare clausum*, qui la ruinait plus que la peste ou la guerre. Ah! quels auto-da-fé misérables et les tristes bûchers! Il avait institué, qui le croirait? pour ses douanes des cours prévôtales. Il eût fusillé ses meilleurs généraux pour deux aunes de coutil anglais; il eût envoyé aux galères ses plus fidèles agents pour un rasoir de Birmingham. Il fit un jour fouiller les voitures de l'impératrice, et brûler sous ses yeux pour un million de dentelles de contrebande; il fit plus : il chassa ses domestiques, sans prendre garde aux supplications de Joséphine. Impuissantes rigueurs! Ces riches et inutiles produits livrés aux flammes rencontraient dans leur chemin des protecteurs invisibles, et très-souvent ce qui brûlait dans ces immenses bûchers, c'étaient des chiffons de fabrique française. Cependant, que de pertes irréparables ! que de cendres et de malédictions ! Des montagnes de mousseline et de tissus précieux misérablement anéantis sous les yeux de malheureuses femmes à peine vêtues ! Comme autrefois, dans les grands supplices, les soldats romains s'en revenaient convertis, plus d'un douanier, quand ces belles exécutions étaient achevées, rentrait tout honteux dans sa caserne, oubliant de se vanter de son désintéressement et de son courage. Et voilà comment la douane, elle aussi, peut se vanter d'avoir produit des héros. Hélas ! plus d'une fois, ces douaniers, attristés de cette tâche ingrate, rencontraient au pied des falaises une contrebande inattendue ! Aujourd'hui le propre neveu de M. Chateaubriand échouait sur ces grèves, et était fusillé huit jours plus tard ; le lendemain, MM. de Polignac étaient accusés de conspiration. Alors le douanier devenait gendarme, et ce jour-là non plus il ne songeait pas à se vanter.

Sitôt qu'il fut dans l'âge heureux où le père le plus prudent n'hésite plus à mettre à son fils la bride sur le cou, le jeune Boucher de Perthes, bien lesté d'argent et recommandé dans les plus honorables maisons, se mit à courir le monde en vrai fils de famille. Il était de haute taille et de bonne mine, et de la plus belle apparence. Il était courageux et naïf. Ses jours de piraterie en plein Océan lui avaient appris à ne s'étonner de rien. Il était habile à tenir une épée; il savait les premiers mystères du violon, du piano, même de la guitare, qui était en grande faveur chez les pupilles de la garde. Enfin, il aimait naturellement la bonne compagnie, et se serait cru déshonoré s'il eût été rencontré dans le monde interlope. Adieu donc! le voilà parti, et soyez sûr qu'il va faire un beau voyage. A peine il jette, en passant, un regard sur Notre-Dame de Paris. Le lendemain, il s'en va par le *coche* (*ô sancta simplicitas!*) visiter sa cousine d'Auxerre, au milieu d'un tas de nourrices. Il regrette Avallon, dont les rues sont pavées en pierres; il remarque à Châlons les petits chapeaux des paysannes. En allant à Sens, il se fâche que, la nuit étant venue, une jeune dame, et fort gaie, ait pris l'habitude de dormir sur son épaule; en dormant, elle lui passait le bras autour du cou, et ça le fâchait bien davantage. Ah! direz-vous, l'idiot, le malheureux, le mal appris! Est-il assez bête! Et nous sommes tout à fait de votre avis.

    Elle me dit : « Quelque chose
    « Me tourmente. » Et j'aperçus
    Son cou de neige, et, dessus,
    Un petit insecte rose.

J'aurais dû, — mais, sage ou fou,
A seize ans on est farouche, —
Voir le baiser sur sa bouche
Plus que l'insecte à son cou.

On eût dit un coquillage ;
Dos rose et taché de noir.
Les fauvettes, pour nous voir,
Se penchaient dans le feuillage.

Sa bouche fraîche était là :
Je me courbai sur la belle,
Et je pris la coccinelle ;
Mais le baiser s'envola.

« Fils, apprends comme on me nomme »,
Dit l'insecte du ciel bleu :
« Les bêtes sont au bon Dieu ;
« Mais la bêtise est à l'homme. »

Mais ceci n'est que le commencement de la *bêtise*, et, s'il plaît à Dieu, dans ces beaux sentiers, nous en verrons bien d'autres. A Châlons, nous reprenons le coche, et notre loup de mer devient bien vite un marin d'eau douce. Il trouve à Mâcon un petit vin qui lui fait faire la grimace ; à Lyon, un compagnon de table d'hôte le conduit dans une maison de jeu où il voit des dames un peu *drôles*. Et cependant il ne voit pas le souverain pontife inaugurant Notre-Dame de Fourvières ; il ne voit pas ces bords charmants du Rhône et les belles montagnes du Dauphiné. Avignon lui rappelle M. d'Asnières et la servante Pétronille du *Sourd ou l'Auberge pleine*. A Paris même, on jouait le *Sourd ou l'Auberge pleine* trois fois par jour. On le joua pendant trois ans; le théâtre y fit trois fortunes : il avait eu la pièce pour trois écus de six livres.... Elle rapporterait aujourd'hui trois cent mille francs, trois fois ce que *Benoiton* a rapporté. Voici déjà Marseille et Mlle Montgrand, la fille du maire, la plus belle danseuse de la ville. A Marseille, le voyageur s'étonne un peu de la quantité de gentilshommes dont se composent les douanes; on lui répond par une anecdote assez curieuse. Comme il allait en Égypte, le général Bonaparte s'empara de l'île de Malte, et, trouvant bon nombre de chevaliers français, il en voulut faire autant de soldats de son armée. A quoi l'armée entière s'opposa, en disant que ces chevaliers de Malte étaient de la race noble, et parfaitement indignes de servir avec les soldats républicains. C'est pourquoi le général Bonaparte en fit des douaniers. Marseille, en ce moment, appartient aux processions; elles durent huit jours. Ces Marseillais possèdent de beaux jardins; ils se promènent toute la nuit. Voilà tout ce qu'il a vu dans Marseille. Une fois, comme il avait passé la nuit à danser aux sons du flageolet et du tambourin (innocente musique), et qu'il avait distribué force épingles à ses danseuses, en rentrant chez lui il trouva porte close, et passa le reste de la nuit à la belle étoile. Ah! l'innocent! l'innocent! Il a mis huit jours pour aller de Marseille à Gênes. Ils étaient plusieurs dans la même cabine, et le soir venu, comme il voyait chaque passager installer son petit matelas:

« Monsieur, lui dit une jeune dame (notez bien, la plus jolie des trois), je suis fluette, et vous partagerez, s'il vous plaît, ma couchette. »

III

Notre héros accepta le partage de la couchette, et sans trop s'intéresser du charmant voisinage il dormit *parfaitement*.

Tout allait bien; ils côtoyaient ce beau rivage appelé la rivière de Gênes; ils avaient Gênes sous les yeux, quand tout à coup le vent s'arrête et le navire semble cloué dans la mer. C'était le moment d'aller en pêche, il y fut; il ramassa tout ce qu'il voulut de ces beaux poissons tout radieux des couleurs les plus brillantes. A peine à bord, grande tempête... On enferme en toute hâte les passagers dans leurs cabines, et l'ingrat, oublieux de l'hospitalité de la jeune dame, il affronte hardiment la tempête .. une tempête digne de Virgile... Il pouvait consoler la belle voyageuse et la rassurer en prenant sa belle main blanche; il aima mieux donner un *coup de main* aux matelots. On criait, on pleurait, on faisait des signes de croix. J'espère un peu que la passagère, plus morte que vive, en sortant de la cabine, aura témoigné à ce triste passager tous les mépris qu'il méritait. A peine entrés dans Savone, il rencontra une jeune fille admirable qui sortait de l'église; il ne la vit qu'une minute, il s'en est souvenu toute sa vie. Il vit aussi, pour la première fois, un capucin, et il trouva que ce n'était pas beau. Comme ils revenaient de Savone, en barque, le capitaine et lui, ils découvrirent dans le lointain un cutter chargé de voiles.... et de mauvaises intentions. Mais cette fois ils en furent quittes pour la peur, et pour entrer dans le port de Gênes en chantant:

    La victoire est à nous !

Qui le croirait? Gênes la superbe aura grand'peine à trouver grâce aux yeux de ce jeune difficile! A l'entendre, la ville est sombre et triste; on n'y voit que des capucins amoureux du négoce, et prenez garde aux voleurs. Pourtant, quand il eut pénétré dans ces palais pleins de merveilles, quand il eut traversé tant d'églises et tant de musées pleins de chefs-d'œuvre, il revint de sa première impression. Il trouva que les dames étaient bien élevées et que les citoyens étaient hospitaliers. Il se présente, un jour, chez une aimable et jeune marquise que son grand'oncle, Boucher de Crèvecœur, l'un des plus anciens habitants d'Abbeville, avait recommandée à son beau neveu avec toutes sortes d'instances :

« Tu verras, tu verras, lui disait-il, comme elle est belle et charmante ! Elle parle et chante à ravir. Et surtout prends garde à ton cœur. »

Ainsi parlait M. de Crèvecœur. Bon ! Le jeune homme enfouit la lettre à la marquise au fond de son portefeuille, entre deux lettres de change, et lorsqu'enfin il se voit bien peigné, bien vêtu, il va frapper à la porte de la maison bienheureuse. Il demande en tremblant :

« Madame la marquise de Négroni ? »

Un majordome, aussitôt, sans mot dire, introduit le jeune homme. Il voit une jeune femme de dix-sept ans, et se dit tout bas que son oncle n'en a pas dit assez. Bref, il remet sa lettre, et la jeune femme, après avoir compris l'accident, se prit à rire aux éclats ; en vain elle s'efforçait de rentrer dans son sérieux : la lettre écrite par M. de Crèvecœur était adressée à l'aïeule de la jeune dame; il y avait cinquante ans qu'elle était dans le tombeau. Pour ma part, j'aime assez ce beau rire, il est franc et de bonne grâce. Il porta bonheur au jeune Boucher de Perthes, et la jeune femme eut grand soin de lui faire les honneurs de ce palais, de ces maisons, de ces féeries. Elle riait, mais elle était sage; elle n'allait pas plus loin que la liberté de dire à haute voix tout ce qui lui passait par la tête. Il était, d'ailleurs, vous l'avez vu, d'une innocence primitive... impatientante. Un beau soir, dans le salon de la jeune Mme Négroni, il rencontre la chanteuse à la mode, une Pasta, une Malibran, une Garcia, tout ce qu'il y a de plus célèbre et de plus beau dans ce grand art de la musique et de l'inspiration. Il la trouva fort belle. Elle, de son côté, le trouva charmant, quoique un peu niais; mais elle était habile à déniaiser les enfants de famille. Ils valsèrent ensemble; à la fin de la valse, elle passa à son doigt timide une bague avec cette inscription : *Sempre teco*; et le gaillard savait assez d'italien pour savoir ce que cela voulait dire. Ah! l'animal! il tremble, il hésite, il a peur. La dame, en chantant, lui jetait des yeux pleins de flammes; il se cachait le visage. Volontiers il se fût assuré contre l'incendie. Et plus il était tiède, et plus elle était brûlante. On ne parlait, dans la ville des doges et du grand Doria, que du petit Français timide et de la fière tragédienne.

« Eh donc! seigneur, vous voulez nous ruiner ! » s'écria le malheureux impresario ; et il força le petit jeune homme à faire une visite à la dame, ou sinon, vous et moi nous sommes sifflés et je suis ruiné.

Il s'en vint donc en hontoyant chez l'Abandonnée. Elle s'appelait ainsi ; mais rien qu'à le voir elle s'appellera la Triomphante. Elle pleurait, elle riait, elle adorait... Peine inutile. Ainsi le petit Jean-Jacques dans sa belle aventure à Venise, quand cette beauté, boudeuse en son coin, s'écrie en levant sa blanche et méprisante épaule :

« Allons, Jeannette, laissons là les dames et prenons un professeur de mathématiques. »

Le son de cette voix ironique et charmante a poursuivi jusqu'à la fin l'auteur de l'*Héloïse*; il a revu bien souvent l'aimable Vénitienne, il s'est courbé sous son mépris. C'est bien fait. Le bon La Fontaine a raconté aux jeunes gens l'histoire d'un certain Nicaise, et M. Boucher de Perthes eût bien fait de mettre à profit ces vers du poëte :

..... Vous savez des étoffes vendre ;
Mais ce que vaut l'occasion,
Vous l'ignorez : allez l'apprendre.

Notre innocent fut un maître... de musique, et le voilà qui se met à faire sa partie en toutes sortes de petites sérénades : violon, guitare, alto, basse. Il était le violon ou la basse *ad libitum*, et peut-être il regrettait que sa chanteuse fût si bien aguerrie. Elle s'appelait Mme Gafforini ; elle jouait à merveille un rôle de jardinière, en chantant des couplets de sa composition.

De Gênes, il s'en fut à Parme, emportant son innocence, et le soir de son arrivée il s'inquiète de savoir si les Parmesanes valent les Génoises. Qu'est-ce donc que cela te fait, mon bonhomme ? Oui-dà, on est toujours un tantinet curieux. Des processions, des rencontres à coups de bâton, des orchestres fantastiques, telles sont les fêtes de la ville de Parme. Il s'ennuie ; il revient à Gênes, et, l'infortuné ! le voilà qui rencontre une jeune mariée à peu près de son âge. Elle est d'accès facile, et d'un esprit très-volontaire. Son mari l'ennuie, et, par représailles, elle prend le jeune Boucher pour son *patito*, et les voilà chevauchant dans la campagne à perte de vue. *Il patientait* tant qu'il était à l'air libre avec elle, mais quand elle faisait mine d'entrer dans sa chambre pour s'assurer si quelque dame n'y était pas cachée, il se fâchait tout rouge, et s'écriait qu'on voulait le compromettre. Alors la dame au désespoir appelle à son aide, contre son *patito*, son père et sa mère, et son confesseur. En vain il se cache, elle le fait relancer par tous les domestiques de la ville, et la mère et le mari la plaignent, accusant le *patito* de manquer de politesse et d'égards pour la *patita*. Une autre fois, impatientée, elle saute aux yeux de cet ingénu qui allait avoir dix-huit ans, et elle le griffe au visage. Ah! oui, que c'est bien fait, et comme on trouve que la France est compromise par une pareille conduite! Il y avait de quoi nous déshonorer tous.

En plein carnaval, comme il se promenait les bras balants dans la rue, il fallut qu'un masque le touchât à plusieurs reprises, avec sa manche, à la joue, et, le maladroit, il finit enfin par comprendre qu'il devait offrir son bras. Il l'offrit en tremblant; elle le prit, et, par toutes ces rues de Gênes enchevêtrées l'une dans l'autre, elle le conduisit dans un palais magnifique. Il était dans ses instants de courage, et se laissa conduire dans une chambre à peine éclairée. Il faisait nuit, et, cette fois, nous lui tiendrons compte de sa résignation. Il se laissa baiser au front comme un enfant, puis, ma foi, on vous le jette à la porte. Il n'a jamais su quelle était cette Génoise mystérieuse. Eh bien! moi, je vais le lui dire : c'était la cantatrice. Elle avait voulu revoir ce petit monsieur, et elle s'en était guérie avec ce chaste baiser. A la même heure, il a couru un plus grand danger qu'il ne pense. Il y avait alors, traversant l'Italie et déclamant de vieilles tragédies du théâtre français, une assez dangereuse tragédienne, ayant nom Mlle Raucourt. Elle était sans beauté, sans talent, sans retenue, et capable de tout... Si elle avait su l'histoire innocente du petit jeune homme, et sa conduite avec la grande cantatrice, elle n'en eût fait qu'une bouchée. Et d'autant plus que la ville de Gênes, en 1807, appartenait aux vampires. Le vampire était très à la mode. Il lui fallait tout ce qu'il y avait de plus jeune et de plus beau, et sitôt que la malheureuse ou le malheureux (le vampire est des deux sexes) s'était laissé prendre au piége de la bête insatiable, le vampire ouvrait la veine de sa victime et humait tout son sang. De cette lugubre histoire, lord Byron et Charles Nodier ont fait leur profit; mais Nodier lui-même serait mort de peur si, par un beau soir, il eût rencontré le vampire. Nodier était un voyant et un croyant. Comme il se fût moqué doucement des bonnes fortunes de M. le douanier!

Parmi les douaniers de Gênes, il y avait le prince Justiniani, petit-fils des Césars d'Orient, que l'empereur avait élevé à la dignité de vérificateur, et le prince Constantini, noble et superbe Génois, grand ennemi de la France et des Français. Donc, le prince Constantini, *caché* dans son palais, tout rempli de tableaux et de marbres, poussa de grands cris de colère et d'indignation lorsqu'il reçut une belle pancarte à l'aigle impériale qui le nommait contrôleur, avec injonction de venir chaque matin surveiller le grand livre de la douane.

Entendre, en ce temps-là, c'était obéir. Le prince obéit en maugréant, et chaque jour il menaçait de déchirer sa pancarte, lorsqu'à la fin du mois il fut très-étonné de recevoir, pour si peu de peine qu'il s'était donné, une trentaine de louis d'or. Tant que cela ! Il regardait ses louis, les comptait, les mettait dans sa poche, et quand on le voulut destituer, il s'écria qu'il tenait à sa place, et qu'il était bien au service du grand Napoléon. C'est une bonne histoire ; elle était une des gaietés de cette ville heureuse où l'on riait de peu de chose. Heureusement que les douanes génoises avaient d'autres employés qui savaient bien mieux leur métier que nos deux princes d'Italie, et les douanes génoises s'en apercevaient tous les jours. Ce que c'est que de nous ! Ce *patito* plein de vergogne et ce premier violon sans malice, il était devenu, on ne sait comment, un objet d'inquiétude et de haine pour tous les amoureux de la ville ; et, chaque soir, il rencontrait de mauvaises physionomies, couvertes d'un manteau noir, qu'on eût payées bien cher à la Porte-Saint-Martin. C'étaient de purs Génois, joueurs de stylet, qui, pour quelques écus, vous tuaient un homme au coin de la rue. Et s'ils n'ont pas tué celui-là, c'est qu'ils connaissaient son innocence, et peut-être aussi pour l'avoir vu l'épée à la main. Voilà ce qui le sauvait du fou rire. En toute occasion, il était prêt à dégaîner. Il était leste et rapide. Un coup n'attendait pas l'autre, et ses grands bras vous tenaient à distance. Plus que timide avec les dames, il traitait hardiment les hommes mal élevés. Une fois, il a donné un coup d'épée à M. de Char..., qui l'avait appelé « le chaste Joseph »; et ça valait au moins ça.

IV

Mais voilà bien une autre affaire. Il est présenté au prince Borghèse, beau-frère de l'Empereur et gouverneur général de la Ligurie, et le prince Borghèse, danseur déterminé, ne veut plus avoir d'autre vis-à-vis que le jeune douanier. Une des plus belles dames, Mme d'Obsen, jeune mariée de dix-huit ans, faisait face au prince, habillé à la François Ier et couvert de diamants. Tout à coup, en dansant son pas de deux, le gouverneur général de la Ligurie perd la tramontane et sa pantoufle en diamants. Et si vous aviez vu rire Mᵐᵉ d'Obsen et comme elle riait, et l'étonnement du bon prince en voyant que l'on riait au nez de sa propre A.! J'ai bien peur qu'il n'en soit resté bête pour toute sa vie. A peine si le jeune homme osa sourire à Mᵐᵉ d'Obsen. C'est dommage, elle valait mieux que cela.

Cependant, la douane allait toujours son train, avec ses bottes de sept lieues. Sitôt qu'elle fut bien établie à Gênes, elle s'en vint de son pas léger à Livourne, où elle rencontra bien des résistances. Livourne était une façon de port franc qui tenait à sa liberté, et quand les habitants se virent entourés de douaniers, dénoncés par les douaniers, fouillés par les douaniers; quand ils comprirent qu'ils ne pouvaient plus aller, venir, rentrer, sortir, respirer, frauder, fronder, selon l'antique usage, et qu'ils étouffaient dans les liens du blocus continental, ils résistèrent au Code pénal, au Code civil, au Code de procédure, au Code des domaines, des douanes et des droits réunis. En vain la grande-duchesse Élisa, qui voulait que chacun fût heureux dans son cercle, essayait de les calmer par des revues, des messes, des courses et des concerts... rien n'y faisait; c'était toujours la race irritée, irritable, et ne comprenant pas ces douaniers qui perçaient des ballots si précieux, et fouillaient sans respect des Italiennes si charmantes. Les meilleurs esprits de la douane étaient, en secret, de cet avis que l'Italie avait raison, que l'Empereur avait tort. Mais qu'y faire? Il fallait obéir. Voilà la peine.... On dirait volontiers: Voilà le remords! Sur l'entrefaite, une beauté du Cantique des Cantiques, faite à rendre fou une statue de Phidias, rencontre, ô misère! notre incorruptible douanier, et propose *hic et nunc* au *pastor fido* de le suivre avec toutes les armes de sa jeunesse, et d'être un peu mieux que sa servante. Ah! cette fois, merci de nous! nous n'avons plus d'excuse; il est de tout point inexcusable; elle est très-riche; elle serait la joie et l'orgueil du plus galant homme; elle se convertira si nous le voulons.—« Ton Dieu sera mon Dieu! » Pas d'obstacle, et rien à reprendre, sinon qu'elle est trop belle et qu'elle est trop riche. Qu'est-ce à dire? On n'est pas impunément, par les femmes surtout, le petit cousin de Jeanne d'Arc, et le voilà qui s'en va, qui s'enfuit, qui se dérobe: Allons, sauve-toi de ces lieux! Et ces histoires-là nous font d'autant plus de mal, que le récit de ce galant homme, intelligent autant qu'on peut l'être, est très-vrai, très-sincère. Il ne sait pas mentir. Que dis-je? il est fier de son innocence. Il n'y a pas de quoi se vanter, je vous jure. Écoutez, cependant, ce qui est véritablement une aventure et tiendrait sa place en quelque histoire sérieuse. Lui-même, notre admirable historien M. Thiers, s'il l'avait lue, en eût fait son profit.

Un soir que M. Boucher de Perthes rêvait sans doute à ses misères amoureuses, un de ses chefs, M. de Brack, ce même colonel de Brack le plus beau colonel de l'armée, et qui jouait un grand rôle en Ligurie avant de le jouer au foyer du Théâtre-Français sous le règne intelligent de Mlle Mars, lui touchant sur l'épaule et parlant à voix basse :

« Obéissez de point en point aux ordres que je vais vous donner. Vous irez, la nuit venue, au pont de la douane, et vous vous embarquerez sur le canot avec six rameurs. Une fois au rivage d'Albano, vous attendrez. Quelqu'un viendra, suivi de deux ou trois officiers ou gendarmes. A peine à bord, vous irez débarquer, en grand silence, à l'extrémité de Saint-Pierre-d'Arena, au pied même de la lanterne... »

Ainsi parla M. de Brack. Puis, comme il voyait que je cherchais à comprendre le sens de ses paroles :

« Vous avez raison, me dit-il, vous saurez tout. Je vous envoie au-devant du souverain pontife. On ne veut pas qu'il traverse la ville, où le peuple l'attend au passage pour l'adorer. »

Certes, la mission avait sa gravité et ses périls. Prêter la main à cette violence, et clandestinement dérober au souverain pontife la juste ovation d'une cité catholique ; emmener, la nuit, comme on ferait d'un malfaiteur, cet otage sacré, cette innocente victime de la force impie, sur une barque un peu moins grande que celle qui portait César et sa fortune..., un plus hardi pouvait hésiter. Il n'hésita pas, tant il était jeune et tant l'obéissance était sans limites. Donc, imposant silence aux voix intérieures, il attendit ce prisonnier porteur de la tiare. En ce moment, le pape Pie VII fut plus grand que son malheur. Il se laissa transborder sans mot dire, et peu s'en fallut, dans ces ténèbres, qu'il ne tombât à la mer. Comprenez donc l'épouvante et le déshonneur du jeune homme employé à cette abominable mission ! Le monde entier se fût écrié : Le pape est mort ! vous l'avez tué, vous êtes un complice ! Et quand bien même le jeune homme eût payé de sa mort volontaire une si terrible catastrophe, éternellement lui et les siens en auraient porté tout le poids ! Cependant l'illustre et patiente victime étant assise au milieu de cette escorte, plus digne d'un brigand des Abruzzes que d'un souverain pontife, la péniche de la douane, écartant les curieux à coups d'espingole, débarqua au point indiqué. Le pontife, entre deux gendarmes, mit pied à terre. Ainsi finit la triste mission du jeune douanier. Ce fut plus tard, en y songeant, qu'il en comprit tout le péril. Pendant que le captif de l'Empereur traversait la France au milieu d'un enthousiasme universel, les hommes, les femmes et les enfants se jetant à genoux sous la bénédiction pontificale (ô miracle de l'Évangile éternel, que la Révolution française croyait avoir déchiré!), le jeune officier de la douane visitait l'île d'Elbe et ce fameux golfe, prison d'un instant qui s'ouvrit au premier ordre de l'Empereur des cent jours. Tristes et curieux rapprochements! Pays fertiles, enchantements de la terre et du ciel! Toute une histoire a traversé ce golfe et cette île; elle y restera jusqu'à la fin des siècles : Pie VII et Napoléon Ier se mêlant sans se confondre au bruit des mêmes flots, dans les mêmes souvenirs. A cette heure de 1807, le drame est partout; tout frémit, attend, espère..... On tremble, on a peur; le monde aux abois ne sait pas ce qu'il va venir.

Après sa grande expédition, M. Boucher de Perthes était rentré dans Livourne, et s'y trouvait bien. Il faisait de son mieux pour calmer les colères, apaiser les haines, et persuader à ces peuples nouveaux que le joug de la France était léger. Mais ces Italiens n'étaient pas crédules ; ils avaient l'intelligence exacte de leur situation. Si le silence est la leçon des peuples, l'Empereur se pouvait enseigner à cette école. Il y avait cependant à la cour de la princesse Élisa un artiste qui déjà tenait une grande place. Il avait les yeux noirs et sombres; il riait peu, il jouait avec un grand archet sur un grand violon, dont il avait brisé trois cordes, les choses les plus inattendues; puis, tout d'un coup, il s'abandonnait à mille folies : vous avez déjà reconnu le célèbre Paganini.

Florence était si proche de Livourne, que, par un jour de carnaval, notre douanier résolut d'entrer à Florence. Il prit une voiture de louage qui le conduisit de Livourne sur la place du Vieux-Palais. Il avait rencontré, chemin faisant, deux polichinelles en pointe de vin. Ceux-ci, haranguant les curieux, leur désignaient d'un geste ironique le maudit Français qui se tenait dans la calèche. Et ce furent des rires, des pasquinades les plus compromettantes du monde. Le voyageur, qui n'aimait guère ces sortes de plaisanteries, les fit taire, et l'on se tut. Toute l'Italie était ainsi disposée. En vain on la croyait domptée, à la première occasion la révolte et le mépris pour le vainqueur étaient manifestes. Trop heureux fut

M. de Perthes de tomber de Charybde en Scylla. C'était l'usage alors, en plein carnaval, que les dames eussent leurs franches coudées. Sitôt que le carnaval a donné le signal, voilà ces Florentines qui se harnachent d'un plumet blanc et d'un domino noir, sans masque. Ainsi faite, une Florentine est, pour ainsi dire, invisible. Elle entre et sort à sa fantaisie, et, dans la rue, elle prend le bras du premier venu, prête à le planter là vingt pas plus loin. Une fois qu'elle a posé sa main sur un homme, il appartient à la femme errante, et, sur son ordre, il la mène au spectacle, au café, partout. Eh bien! M. Boucher de Perthes est pris à la fois par deux *baoutes,* c'est le nom que l'on donne à ces sortes de masques. Baoute à droite, baoute à gauche; on se disputait le jeune homme. A la fin, la plus jeune et la plus belle se débarrasse de sa rivale. Ils dînèrent ensemble. Elle lui donna une petite bague en lui disant qu'à l'instant même où il lui rendrait sa bague, il en obtiendrait toute chose; elle accompagnait ce don précieux d'une gentillesse extrême. Oui! mais vous connaissez le jeune homme. Il traita la jeune baoute comme il eût traité une vieille marquise; il soupe avec elle, *en tout bien, tout honneur*, et, le misérable! s'en va le lendemain, la bague à son doigt.

Il entrait, la nuit suivante, dans la ville d'A-rezzo. A peine arrivé, le voilà dans un bal un peu mêlé. La reine du bal était une comtesse agréable et toute charmante, qui, dans la dernière guerre, avait joué quelque peu le rôle de chef de brigands. Elle avait gardé un grand souvenir de sa première condition, et, cette fois, le voyageur eut raison d'appeler la prudence à son aide.

« Monsieur, lui dit-elle en le quittant, je vous invite à dîner chez moi demain, viendrez-vous?

— Oui, Madame!... »

Il partit à cinq heures du matin.

Il entra dans Rome au moment où le carnaval allait finir, où la douane allait commencer. Les douaniers étaient d'anciens bandits piémontais, corses, provençaux, génois et toscans, morts de faim, qui s'étaient chargés de faire aimer aux petits-fils de Numa Pompilius les douanes, les droits réunis, la conscription et les commissions militaires. Le pape avait eu grand soin de les excommunier, et le peuple romain n'en était que plus autorisé à appeler ces bandits *disertori*, *bravi*, *sbirri e qualche cosa de meglio*, *birbanti*, *assassini*. On les recevait généralement à coups de fusil; s'ils entraient quelque part, c'était un sauve-qui-peut général. Au reste, ils marchaient au hasard, cherchant une *ligne de douane* qui n'existait pas encore, et des villages qui n'ont jamais existé. Ils vivaient de pillage, et les plus honnêtes vivaient de misère. Quand par bonheur l'un d'eux tombait sous le couteau :

« Bon, disaient les nouveaux contribuables, c'est un douanier de moins!

Telles étaient ces *tournées civilisatrices*, dans lesquelles il n'y avait rien de bon à gagner pour les honnêtes gens. Encore si la tyrannie eût exercé seulement aux frontières toutes ces violences; mais dans la cité même son injustice et sa violence étaient partout. Pas un monastère qu'on n'ouvrît de force; en vain les religieux des deux sexes priaient et suppliaient qu'on les laissât dans leurs maisons, on les jetait à la porte à coups de crosse, et soudain les couvents devenaient des casernes ou des bureaux pour la douane. Un beau soir, notre officier commandait en chef une expédition contre un couvent de nonnes. Arrivés sous les pieuses murailles du couvent, les douaniers frappent aux portes et les enfoncent. Grande solitude et grand silence. A la fin, ces grands fureteurs, à qui bêtes et gens n'échappaient guère, rencontrent les timides habitantes de ces lieux paisibles... Pauvres colombes, prenez garde aux vautours! L'une de ces colombes avait dix-huit ans, c'était une grande et belle brune; elle fit dire à notre chevalier qu'après s'être bien consultée elle n'avait rien à lui refuser. Vous vous doutez déjà de la réponse : il détourna la tête, et la dame en fut pour sa courte honte.

V

Ainsi nos douaniers marchaient dans leur conquête, tantôt la sonde, tantôt l'épée à la main. Le matin ils perçaient un homme, et le soir une barrique. Dans l'intervalle, on leur apprenait comment se fait un passavent, un congé, un acquit. On eût bien fait d'apprendre à leur chef comment se fait une déclaration galante. Petits, misérables détails, si vous les comparez à la grande histoire, et cependant ils ont leur prix. Ce très galant homme est le premier à reconnaître, en toute occasion, l'injustice et la cruauté de sa mission : « Nous battons les hommes, nous déshonorons les femmes, et nous volons un peu tout le monde. » Il dit *nous* par euphonie, et s'estime un homme heureux de ne pas brûler les maisons. Tout, du reste, est de bonne prise. On prend les tableaux, pourvu qu'ils soient signés des grands maîtres ; on prend les reliquaires des saints, si les reliquaires sont d'or ou d'argent, mais on laisse aux fidèles les attestations et les ossements. L'heure arrive enfin où tout l'argent monnayé disparaît des départements du Pô, de la Sesia, de Marengo, de Montenotte, de Gênes et de Rome ; pas un sequin, pas un écu. Alors on chasse tous les gros bonnets de l'Eglise romaine, et les douaniers se font ce petit raisonnement : Ces messieurs emportent évidemment les trésors de leurs presbytères, de leurs couvents, de leurs prébendes, de leurs églises ! C'est très-vrai ; mais à la limite extrême, à la troisième ligne de douane, on les arrête, on les fouille ; ils sont pleins d'or et d'argent, et poliment on leur fait lire une pancarte sur laquelle il est défendu de transporter la monnaie hors du royaume. Ah la bonne aubaine ! et comme en ce moment la douane était contente ! Il est vrai qu'au bout de quinze jours de cet étranglement, se présente à la douane un chanoine de Saint-Jean-de-Latran. Une belle proie au premier coup d'œil, et déjà messieurs les douaniers préparaient leur grande sacoche... O misère ! Notre chanoine de Saint-Jean-de-Latran déploie un chiffon de papier, et, l'ayant fait lire à ces messieurs, il l'enfouit très-gravement dans son portefeuille. C'était une lettre de change à vue, incessible et surtout insaisissable. Ainsi, désormais, voilà une branche de revenu tout à fait perdue, et la lettre de change était payée au delà de la troisième circonscription.

Nous avions toujours entendu dire, et le jeune douanier le croyait comme nous, qu'entre toutes les Romaines, la Transteverine était difficile à dompter. Elle est grande et superbe, avec des cheveux noirs, des yeux noirs, la dent blanche et la lèvre tirant sur le dédaigneux. Cependant, l'une d'elles, une madone de seize ans, de cinq pieds deux pouces, s'en vint dire à notre héros qu'elle voulait être sa *bonne amie*. Elle disait cela très-franchement, devant son père et sa mère, et le lendemain elle s'en vint faire au chaste Joseph une belle visite. Hélas! encore une fois, ces amours se bornèrent à *deux ou trois poignées de mains*, et, peut-être, un baiser sur la joue au moment des adieux. Et songez qu'il a quitté cette *madone* pour le sculpteur Canova! Il est descendu dans les Catacombes, ayant pour compagne une dame imprudente, Mme I..., et, la bougie étant à sa fin, Mme I... se trouva mal dans les bras de son guide. Il était avec elle à la grande irruption du Vésuve, et je ne crois pas que, si voisin de la flamme, il en ait été plus brûlant. Avec elle il a traversé la campagne romaine; ils ont rencontré des bandits : elle s'est jetée à son cou..... il n'a pas remercié les bandits. Pourtant elle avait la taille des Grâces, un pied charmant, une main divine; elle était gaie, coquette et dévote; enfin, la sirène! elle savait rire et pleurer à volonté. Mme I... en fut pour ses frais et ses évanouissements. Vous prendriez parfois le jeune gabelou pour la statue de Pompée, au palais Spada. Au pied de ce bronze immobile est tombé Jules César, frappé de mille coups. Je note, en passant, qu'à la première station du royaume, nos douaniers furent fouillés sans miséricorde par leurs confrères les douaniers. Point de grâce ni de répit; ils se fouillaient les uns les autres, et tout était de bonne prise. Ils avaient pris dans Ancône tant de mousseline et de nankin qu'ils se chauffèrent pendant quinze jours à ce feu misérable. A chaque feu nouveau revenaient les mêmes malédictions du blocus continental. Les plus sages disaient : C'est impossible! et tous les autres disaient : C'est impie! Ils entrèrent à Venise à la lueur de ces bûchers insensés. C'est pourquoi M. de Perthes n'a pas vu Venise. Heureusement qu'on la retrouve, amoureuse et charmante, dans les Mémoires d'un bandit de bonne humeur, qui s'échappait des plombs de Venise au moment où Latude rêvait qu'il se sauvait de la Bastille, à l'instant même où Mirabeau faisait trembler de ses hennissements lascifs le château et le donjon de Vincennes. Prisons d'État, vous étiez à bout de vos forces; les cachots râlaient; les tours tremblaient; les portes de fer poussaient un gémissement plaintif.

De Venise à Trieste, il y avait à faire un voyage assez dangereux. L'empereur, très-impatient, voulant savoir enfin tout ce qu'on pensait de son blocus continental, M. Boucher de Perthes fut envoyé de Venise à Trieste et de Trieste à Vienne, afin d'en rapporter d'utiles renseignements, si, par hasard, le potentat aveugle et sourd eût été digne d'entendre ou d'entrevoir la vérité. C'était en hiver. Il faisait clair de lune, et la neige, au loin, jetait sa dangereuse clarté. Tout à coup, le voyageur, réveillé par le froid, voit autour de sa calèche, accourir de grands chiens silencieux. Plus le postillon frappait sur ses chevaux, plus les chiens allongeaient le pas, en tournant vers la calèche des yeux qui brillaient comme des escarboucle. Ce n'étaient pas des chiens, c'étaient des loups. Il prit son pistolet.

« Seigneur, seigneur, ne tirez pas! s'écriait le postillon, sinon nous sommes morts! »

Et si grande était la terreur de ce pauvre garçon qu'à la porte de l'hôtellerie il fut pris de convulsions. La nuit suivante, et dans la même calèche, il était conduit par un postillon beaucoup plus jeune, lorsqu'à la lueur d'une lanterne il vit entrer dans son carrosse une très-jolie et leste jeune fille. Alors, je crois bien qu'il eut peur. Cette fois, la fillette eut le bon sens de tourner le dos à son camarade de voyage. Elle causait en belle langue vénitienne, c'est-à-dire amoureuse, avec le jeune postillon. Bientôt celui-ci, grand jeune homme et de belle mine, trouva qu'un tiers était gênant, et, dans le rude sentier qui mène d'Opschina à Senoscetche, il s'arrêta tout net en disant :

« Monsieur, nous descendons ici. La neige est trop épaisse, et je ne saurais aller plus loin. »

En même temps, il s'emparait de la valise et jetait la valise et le voyageur au beau milieu du chemin, puis, bêtes et gens, tout disparaissait dans le lointain. L'aventure était rude ; les loups pouvaient reparaître, et ce malheureux, abandonné dans ce désert, ne savait à quel saint se vouer. A la fin, il rencontre une espèce de caverne où buvaient une douzaine de bandits. Là, ils furent reçus, lui et sa valise ; et, le lendemain, après un sommeil agité, il se trouvait sain et sauf sur ce chemin de malheur. Si l'on avait su qu'il était un douanier, ces contrebandiers n'auraient pas été de si bonne composition. Enfin, il arrive à Vienne, et que dis-je, à Vienne ? dans la salle d'Apollon. Il y avait là trois mille personnes qui dansaient, valsaient, fumaient et buvaient de la bière. Une belle

Viennoise, jeune et blanche, accepta bien volontiers l'invitation du jeune homme, et les voilà qui valsent doucement, sans peine, et semblables à Lolotte au bras de Werther. Elle était si légère et valsait si bien ! Au bout d'une heure, il trouva qu'il n'en pouvait plus et demanda grâce ; mais elle n'entendait pas de cette oreille, et promena son danseur toute la nuit. Ici finit l'aventure.... et l'aventure recommença le lendemain. Dans une voiture publique, il rencontra une autre Allemande, qui, pour commencer, se jette à son cou, et trop heureux fut-il qu'il y eût un officier, un baron, pour le délivrer de la dame. Cette fois, il était perdu sans ce baron de bénédiction. Il est vrai que le lendemain maître Joseph se tira d'affaire hardiment avec un porteur d'épée. Le porteur d'épée avait mal parlé de la France ; il fit des excuses à ce partenaire de cinq pieds six pouces, qui ne plaisantait guère, pas même avec les dames. Enfin, revenu de sa mission, l'Empereur le voulut interroger lui-même, et, malheureusement, rien n'a transpiré de cet interrogatoire. Je suis sûr que cette fois, du moins, l'Empereur rencontra une réponse loyale et franche, et il envoya M. Boucher de Perthes à la sous-inspection de Boulogne.

Sur le rivage de cet océan tant menacé, le jeune douanier aura sous ses ordres un beau cutter armé de six pièces de canon, et quatre cents hommes bien équipés. Le fameux camp de Boulogne allait s'ouvrir. De ces rivages mécontents, l'Empereur allait tenter cette étrange descente en Angleterre qui fut, pour ainsi dire, le commencement de la fin de son règne. Comme il eût payé cher, en ce moment, le bateau à vapeur de Paris à Saint-Cloud, ce commencement d'une merveille à laquelle il accordait à peine un coup d'œil, sans y rien comprendre, hélas! Quelles conséquences il en eût tirées! Quel résultat que pas un ne pouvait prévoir! Cette petite guerre du camp de Boulogne est misérable; elle est triste. On s'afflige à contempler tant de peines perdues, tant d'efforts inutiles, et ces frêles embarcations se brisant comme verre contre les bricks, les corvettes, les frégates, les vaisseaux, les rocs et les libertés de l'Angleterre. M. Boucher de Perthes, grâce à la vitesse de son cheval, a suivi l'Empereur dans toutes ses excursions sur le rivage de Boulogne. Il l'a vu littéralement rouler dans la boue : « On n'eût pas touché Sa Majesté avec des pincettes! » Il l'a entendu, de sa voix formidable, envoyer aux galères des officiers généraux qui avaient permis qu'on sauvât du feu des marchandises anglaises. Bien plus! et voilà un des grands dangers de sa vie, il a vu toute une cargaison de demoiselles de la petite vertu, que la Hollande exportait dans ses possessions au delà de la mer, échapper au naufrage, et s'emparer des plus belles baraques du camp de Boulogne.

Elles s'en vont peupler l'Amérique d'amours,

disait Jean La Fontaine.

Heureusement que ces dangereuses naufragées rencontraient de jeunes sauveteurs, et chacun emmena sa chacune. En vain les douaniers criaient que c'était de la marchandise de contrebande... les contrebandiers ne voulaient rien entendre, et le peu qui resta de cette belle épave fut gaillardement enlevé par les pupilles de la garde, héros précoces... Dans les âmes bien nées... On ferait une jolie histoire avec le naufrage de ces dames. Vous pensez bien que notre douanier n'eut pas grand souci de réclamer sa part de prise. Il avait refusé mieux que cela, et toujours sous le même prétexte : tantôt la dame est mariée, il a pitié du mari ; tantôt c'est une jeune demoiselle, il ne veut pas la compromettre ; ou bien, la dame est somnambule, et c'est elle qui le compromettrait. Une autre fois Jeannette..... Ah! Jeannette! Elle était née à Dunkerque, elle était grande et bien faite, et *vraiment belle*. Un beau soir, notre infortuné douanier la trouva dans sa chambre, installée. Il y avait, ce même soir, un grand bal dans la maison ; pour peu qu'on la vît, Jeannette était perdue... On ne la vit point ; elle fut sauvée, et sortit glorieusement, mais tristement, de ce mauvais pas. Le lendemain, il écrivit à Jeannette en lui envoyant quelques louis et de bons conseils. C'était une belle âme, et Jeannette un tendre cœur.

Mais enfin, l'Empereur, lassé de contempler tous ces petits naufrages indignes de sa longue vue et de son génie, abandonna, quoiqu'à regret, cette proie immense. Encore un peu de temps, le léopard britannique prendra l'aigle et l'emportera sur un rocher sans nom.

VI

Cependant notre historien revient de Boulogne à Paris. L'Empire entrait alors dans ses heures néfastes. Il était au sommet ; désormais il n'avait plus qu'à descendre. Ici, nous retrouvons la sympathie et le respect de ce digne témoin de tant de grandeur et de misère. Il n'a rien dit de la campagne de 1812. On dirait que pour lui Moscou n'a pas été pris et brûlé, que la Bérésina n'a pas été franchie à deux reprises. Il arrive à Paris quand chaque jour on chante, on danse ; quand le faubourg

Saint-Germain, longtemps vaincu, s'agite. On danse encore chez M. de Fontanes, mais c'est par ordre, et l'on voit que la joie est contrainte et forcée. Il y avait à cette fête suprême du grand maître de l'Université un jeune capitaine qu'une blessure récente avait ramené dans Paris ; il s'appelait M. de Saint-Marcelin. M. de Fontanes l'aimait comme un père aime un enfant tendre, et la mort de ce jeune homme, insulté par un soldat de la Loire, et tué pour ainsi dire sous les yeux de son père, est restée un des souvenirs les plus affligeants des premiers jours de la Restauration. M. de Fontanes ne s'en est pas consolé. Tout lui avait réussi jusqu'alors. Il avait trouvé grâce aux yeux de tous les partis : ceux-ci l'aimaient parce qu'il avait rétabli les fortes études, si longtemps négligées ; ceux-là lui savaient bon gré d'avoir protégé M. de Chateaubriand contre l'Empereur lui-même. Il était peu de lettrés qui ne sussent par cœur ces vers de Fontanes à l'auteur des *Martyrs* :

> Et, dans ta prose cadencée,
> Les soupirs de Cymodocée
> Ont la douceur des plus beaux vers.

Tous ces détails échappent à M. Boucher de Perthes ; il n'est préoccupé que des mouchards de salon, des débiteurs de fausses nouvelles, des gens qui vous protégent malgré vous, des empressés, des ardélions. Surtout, il évite avec le plus grand soin les filles à marier. C'était la peste alors. Les filles les plus belles et les plus riches trouvaient à peine un mari. Tous les jeunes gens étaient morts sur les champs de bataille; il ne restait plus que les mutilés et les infirmes. Ce joli vaudeville intitulé : *le Coq du village*, était vraiment un chapitre d'histoire. Il y avait entre autres demoiselles sans mari, mais non pas sans dot, Mlle de F....., éclatante et superbe, avec de magnifiques cheveux noirs, en un mot très-belle. Elle fit dire au douanier que, s'il voulait demander sa main, elle la lui donnerait; mais le soir même de cette espèce de déclaration, la rencontrant dans un bal, plus semblable à Junon qu'à la mère des Grâces, il la trouva si fière et si hautaine qu'il n'osa pas la demander en mariage. Elle s'en consola bien vite, et lui, plus que jamais, se réfugia dans le groupe innocent des romanciers, des critiques et des faiseurs de vaudevilles : Emmanuel Dupaty, qui le poussait au théâtre; Aimé Martin, d'Arlincourt, Etienne, M. Jay, M. Dussault. Nous ne voyons pas que M. Boucher ait été très-frappé du mérite et du talent de ces écrivains. Pourtant rien n'était plus aimable et plus savant que M. Aimé Martin, l'ami, le compagnon, et plus tard le mari de Mme Bernardin de Saint-Pierre. Elle avait deux enfants, Paul et Virginie. Hélas! nous avons vu mourir Virginie de Saint-Pierre en pleine jeunesse, et parée à ravir de tout ce qui fait le charme et le bonheur de la vie. Etienne était un esprit charmant, paresseux et fécond tout ensemble. On ne parlait pas encore de M. d'Arlincourt, et c'était fort heureux pour lui. M. Dussault était, au contraire, un bel esprit, un écrivain distingué. Il a laissé sa trace dans le *Journal des Débats,* et sa traduction de Juvénal est restée une belle œuvre. Mais tous ces écrivains, M. Boucher les regarde à peine; ils ne sont pas de sa famille, ils n'appartiennent pas aux douanes. Il est, d'ailleurs, si occupé à savoir ce qui se passe! Il est vrai que nous sommes au mois d'avril 1814, et qu'on se bat sur ces mêmes buttes Chaumont, entassement d'abîmes sur lesquels le célèbre ingénieur M. Alphand, à l'heure où nous sommes, est en train de poser les jardins suspendus de Babylone. Hélas! la France entière appartenait à l'invasion. L'ennemi était à nos portes; chez nous, il était le maître. On criait: « Vive Alexandre! » et les Parisiennes distribuaient des cocardes blanches, même à ceux qui n'en voulaient pas. Cependant un homme heureux et content passait dans la rue :

« Avez-vous vu, disait-il, le casque grec ? »

Ce casque grec était le casque russe, et ce *curieux impertinent* (c'est le titre d'une nouvelle de Cervantès) avait nom Girodet. Il était l'auteur de l'*Endymion*. Sur la place Vendôme, une foule de traîtres et de lâches s'étaient attelés à la statue qui surmontait la colonne Trajane, et ces mirmidons furent heureux que la statue eût pitié de leur couardise, et ne les ait pas tous écrasés dans sa chute. Hélas! dans ce Paris russe et prussien, nos lâches théâtres étaient ouverts; ces vils encenseurs de la veille avaient déjà passé à l'ennemi, et l'on applaudissait à tout rompre la moindre allusion à la chute de l'Empereur. Ainsi dans le *Tableau parlant* :

> Vous n'étiez point ce que vous êtes,
> Et vous aviez, pour faire des conquêtes,
> Et vous aviez ce que vous n'avez plus.....

La comédienne, appuyant sur cette ritournelle, excitait des cris de joie. A la même heure, on voyait passer sur les boulevards des Tartares et des Cosaques, pasteurs-guerriers, poussant devant eux, du bout de leurs lances, des troupeaux de bœufs et de moutons, avec tous les habitants des basses-cours, leur souper de ce soir et leur dîner du lendemain. Et, tant ils étaient occupés à conduire ce bétail (*tutus bos*, disait Virgile) volé dans nos fermes incendiées, ils ne voyaient pas les demoiselles du Palais-Royal qui leur envoyaient leurs plus doux sourires. Cabaretiers, cafetiers, hôteliers, restaurateurs, théâtres, loueurs de cabriolets et Dulcinées de carrefour, disaient à tous ces brigands : « Soyez les bienvenus ! » pendant que les chambellans, les courtisans, les habits brodés, les poitrines chamarrées et tout le bétail des Tuileries croulantes, criaient : « A bas l'ogre de Corse! » Ah! spectacle abominable! hideuse controverse! Il y eut d'honnêtes gens qui se brûlèrent la cervelle, entre autres M. Bertin, chef du personnel des douanes, pour ne pas entendre et ne pas voir ces lâchetés et ces hontes. De leur côté, les faiseurs de cantates, sur la même rime et presque sur le même air, faisaient de leur cantate une malédiction. Les rois victorieux se promenaient dans nos jardins, très-étonnés d'être entourés de tous ces respects. Russes, Autrichiens, Prussiens, Saxons, Bavarois, Hanovriens, Hongrois, Hambourgeois, Mecklembourgeois, Wurtembergeois, dévoraient, buvaient, mangeaient et souillaient tout ce qui était à leur portée. On ne rencontrait plus que des marquis, des princes et des barons de nouvelle édition, et tant de plaques, de grand'croix, de gentilshommes de la Chambre, tant de broderies à l'habit et de plumes blanches au chapeau ! Notez bien que l'invasion était double, et que les femmes étrangères poussaient leur conquête avec autant d'ardeur que les étrangers. Un soir que M. Boucher était à l'Odéon, où l'on jouait un chef-d'œuvre appelé *Pierre et Paul,* comme il était assis sur une banquette de la galerie, et sa tête au niveau d'une première loge, il sentit une petite main qui fourrageait dans ses cheveux ; il se retourne, et voit une femme charmante, une Anglaise, à côté d'un Anglais bariolé de croix et de cordons. D'abord, il croit à quelque méprise, et se remet à écouter *Pierre et Paul,* comme un petit saint Jean ; mais la dame, et du geste et du regard, insiste, et de telle façon, que déjà le public était dans la confidence de ces premières escarmouches Le spectacle enfin cesse, et la belle étrangère, en prenant le bras de son mari, dit à haute voix : « Nous irons demain, à deux heures, à l'exposition du Louvre » ; et du regard le plus tendre elle appuyait son aimable invitation. Tel est le récit de M. Boucher de Perthes, et Dieu sait si nous en sommes contents. Pour cette fois du moins, le chaste Joseph ne va pas laisser son manteau entre les mains de la bienveillante lady. Donc tant pis pour Mylord. Il faut absolument que la France ait sa revanche... Vain espoir ! Cependant, tout va bien, tout marche ; on se rencontre, on se reconnaît, on se donne un premier rendez-vous, l'on y vient. Elle avait vingt-six à vingt-sept ans ; elle était grande, brune et bien faite. Elle entre, elle s'assied, elle regarde, elle va d'une chambre à l'autre, et..... s'en va comme elle était venue. Or, vingt pages plus loin, M. Boucher de Perthes affirme qu'il était un bon patriote... Il était un trembleur. A peine il eut laissé partir, saine et sauve, cette princesse d'Angleterre, il rencontre au bal masqué une dame, un feu follet. Le feu follet lui donne un rendez-vous pour le lendemain, dans une maison de belle apparence. Il y va. C'était une dame d'un grand nom. Alors la voilà qui lui demande un service, un grand service :

« Oui, madame ! » Il rendit le service que demandait la dame, et, le moment de la récompense étant venu, il refusa la récompense.

Quel diable d'homme !

Et cependant l'Empereur, plein de ses vengeances, revenait de l'île d'Elbe. Il rentrait, porté par la foule des soldats, qui criaient : « Vive l'Empereur ! » Déjà Louis XVIII, a peine suivi de quelques-uns de ses fidèles, avait repris, la nuit, dans des voitures sombres, le chemin de l'exil. Trois jours après, M. Boucher de Perthes assiste au mariage de Mlle Thermidor Tallien avec un sien cousin, M. Félix Deplay. L'histoire de ce mariage est jolie, et vaut la peine qu'on la raconte. On sait que Mme Tallien, par son divorce avec son second mari, était devenue Mme la princesse de Chimay. Le jour du mariage de Mlle Tallien, presque aussi belle que sa mère, Tallien et la princesse de Chimay se rencontrèrent à l'église. Au sortir de l'église, Mme la princesse de Chimay, oubliant qu'elle n'est plus Mme Tallien, propose à son ci-devant mari de la reconduire à son hôtel. Il accepte, et les voilà réunis dans le même carrosse après une si longue séparation. Cependant la voiture s'arrête à l'hôtel de Caraman. En mari bien élevé, le prince de Caraman, croyant donner la main à sa femme, l'offre au mari dont il tenait la place. Aucun embarras de part et d'autre, et Tallien accepte une invitation à déjeuner. Il entre, on se met à table, et Mme Tallien, princesse de Chimay, fait les honneurs de la collation avec la grâce et l'élégance qu'elle mettait à toute chose. Elle était superbe encore ; elle avait la grâce et la beauté des premiers jours. Ses dents brillaient, ses cheveux aile de corbeau resplendissaient, ses épaules n'avaient que trente ans ; son geste et sa parole, et son sourire, étaient à l'avenant. A la fin il fallut se quitter. Tallien, pauvre et seul, laid, maigre et borgne, s'en revint à pied au taudis qu'il habitait dans les Champs-Élysées, témoins oubliés de ses jours de toute-puissance et de grandeur. Personne, à le voir, n'eût reconnu le dictateur qui avait abattu Robespierre et brisé l'échafaud. Il vivait d'une pension de six mille francs que lui faisait Louis XVIII, et il en donnait la moitié à sa famille. Il avait traversé, sans y toucher, la curée immense des biens nationaux. Il avait dédaigné tous les bienfaits de l'Empereur.

Un autre cousin de M. de Perthes avait nom M. de Bélabre. Il avait fait la campagne de Russie et vivait d'une pension chétive, lorsqu'un soir, chez sa cousine, Mme de la Hante, la propre nièce du poëte épique M. de Perceval, M. de Bélabre, en parcourant le *Moniteur*, apprit que, si le gouvernement du roi ne rendait pas les biens nationaux, tout au moins il rendait les biens non vendus à leurs légitimes propriétaires. Alors il se souvint que le domaine et les six mille arpents de bois du château de Bélabre n'étaient pas encore vendus; il se rappela qu'un sien parent était le secrétaire du roi. Il se lève, se regarde à la glace afin de s'assurer qu'il était bien lui-même. Il avait en ce moment six coudées, la taille des héros d'Homère, et d'une voix très-nette, avec un geste qu'on ne lui avait jamais connu :

« Mesdames et messieurs, dit-il en prenant congé de l'assemblée, agréez les salutations du marquis de Bélabre et de ses soixante mille livres de rentes. »

Belle sortie, et plus d'une fille eut un gros remords de n'avoir pas accordé un peu plus d'attention à ce petit lieutenant de Bonaparte. C'est surtout dans les temps de révolution que l'on ferait bien de songer à tout.

VII

Pour la seconde fois M. Boucher de Perthes a vu tomber l'Empire et l'Empereur, non pas sans pitié, non pas sans respect. Il n'est pas homme à briser avec rage ce qu'il adorait avec crainte. Au contraire, il assiste à la dernière bataille des Parisiens, et même il raconte qu'un des gardes nationaux dont il était le capitaine, montant la garde à la barrière Montmartre, s'appelait Bobèche; il ajoute que le Paillasse des Funambules du boulevard du Temple avait assez bon air sous les armes. C'était la veille de la capitulation. En cherchant bien, en cherchant mieux, M. Boucher de Perthes eût rencontré, sur ces hauteurs qu'il allait défendre, un poëte appelé Bérangér. Désormais, grâce à ce nouveau venu dans les batailles de la dernière heure, vous pouvez tomber, Sire, avec la grande armée, et le jour de Waterloo peut venir : cet expéditionnaire du bureau de M. de Fontanes, ce mal vêtu, Béranger, c'est son nom, de son souffle inspiré et tout-puissant, de sa pitié, de ses douleurs, de ses respects, effaçant Waterloo, ressuscitera éternellement la grande armée et l'Empereur.

Son séjour à la Ciotat au temps de la *terreur blanche*, et quand cet abominable Trestaillon ensanglantait une si belle cause, va nous montrer, mieux que jamais, le jeune homme constant avec lui-même, timide avec les dames, intrépide avec les hommes, très-pénétré des injustices de la douane, et très-obéissant à son devoir. Quand il traversa Marseille, Marseille était occupé par les Anglais, qui avaient succédé aux Autrichiens. Il trouva que les Provençaux étaient divisés en deux camps; que la Méditerranée appartenait aux pirates ; que les protestants étaient traités comme des bêtes fauves, et qu'enfin les filles de la Ciotat étaient moins accommodantes que les fillettes de Dunkerque. Il avait pris pour servante une haute et puissante contadine, la nièce d'un curé de campagne. Elle était à peine à son service depuis quelques jours qu'elle se mit à lui sauter au cou en s'écriant : « Coûte que coûte, il faut que je sois ta bonne amie. »

Et notez bien que celle-là aussi, cette nouvelle méconnue, était belle comme un ange, et qu'elle n'avait que vingt ans. *Être aimée ou mourir*, telle était la résolution de cette belle... Il eut grand'peine à s'en défaire; elle pleurait en le quittant. Nous espérons qu'elle se sera consolée, et qu'elle aura pardonné à ce maître injuste. Il y avait cependant, parmi ces faibles créatures, quelques-unes qui savaient se défendre, une entr'autres. Elle était comédienne au théâtre de la Ciotat; le public l'applaudissait rarement. Mais, un beau soir, la voilà oubliant son rôle, et souffletant de la belle sorte un Narcisse chevelu qui était au parterre, et qui reçut les soufflets sans mot dire. Aussitôt, la belle ayant repris son rôle, elle fut applaudie à outrance, et devint la favorite du public. Si toutes les femmes étaient de cet acabit-là, j'imagine que M. Boucher de Perthes y eût regardé à deux fois avant de les couvrir de son mépris. Comme il allait de Marseille à Toulon, il tomba, le malheureux, dans un voiturin à six places. Les cinq places étaient occupées, devinez par qui? Par cinq jouvencelles, dont *pas une n'était à dédaigner* : cinq paires d'yeux qui lui faisaient les yeux doux. Un sien ami, qui passait par là, le tira de peine et prit sa place en lui prêtant son cheval. Telle est sa male chance, que même en lisant une tragédie il fait des conquêtes. « J'ai lu ma tragédie. Honorine y était. C'est de la passion. Qu'elle semblait heureuse et fière! Avec quelle tendresse elle me serra la main! » Six semaines après, mais, cette fois, il ne lisait pas une tragédie, il rencontre Mme de B... Elle avait tant de grâces dans ses mouvements! Elle était belle et blonde, élancée, elle n'avait qu'un souffle. Il la quitte, et, le lendemain, comme il gravissait la montagne de la Fourche, une très-jolie soubrette vint lui dire que sa maîtresse voulait lui parler. Il y va; mais il trouva que la maîtresse en avait trop long à lui dire, et il la quitta assez brusquement pour rejoindre un certain Boisgiraud, Suisse de nation et nabab de profession, qui cherchait dans toute la Suisse une demoiselle de Boisgiraud, pour l'adopter, pour l'épouser. Comme ils traversaient Berne, M. Boucher voulut prendre un bain dans une eau fort claire. A peine était-il dans sa baignoire, il entendit frapper à sa porte. O misère! et comme il était bien tombé! Ce n'était rien moins qu'une *très-jolie* fille allemande, en habit de baigneuse et toute prête à partager son bain. O guignon! — Toc! Toc! Cette fois, c'était une dame française, et, le connaissant comme nous le connaissons, je suis étonné qu'il n'ait pas poussé des cris de paon. Le reste de l'aventure avec le Suisse en quête d'une Boisgiraud est un récit fort agréable. Après mille recherches, on leur enseigne enfin des demoiselles de Boisgiraud vivant noblement dans leur terre. Ils y vont, comme on dit, la gueule enfarinée, et ils trouvent, dans un beau château, deux belles petites vieilles, qui les reçoivent à bras ouverts. C'étaient les deux cousines du Boisgiraud que voilà, et, tout de suite, il fit contre fortune bon cœur. Mais son ami le douanier, qui n'est pas habitué, Dieu merci, aux vieux visages, était déjà monté dans une patache avec *trois jolies* paysannes : Trudta, Gertrude et Maïla. Au premier abord, voilà Gertrude (elle avait seize ans) qui fait entendre au farouche Hippolyte qu'elle se donne à lui, qu'elle sera sa servante, et qu'elle le suivra jusqu'au bout du monde. En même temps, elle prend la main de l'indifférent et la presse humblement de ses deux mains. Et comment se fâcher? Elle était charmante, et propre comme un bijou. Comme il ne se fâchait pas, elle le força de lui prendre la taille, et quand il se fâcha, elle se prit à pleurer. Volontiers nous ferions comme elle; il y a de quoi pleurer que tant de belles aventures arrivent, en pure perte, à un simple mortel. Elles lui pleuvent de tous côtés. Il en eut même en Normandie, où les belles personnes d'ordinaire ne se jettent pas, que je sache, à la tête du premier venu. Comme il allait de Honfleur à Caen par la diligence, il se trouva à côté de la plus *jolie* plaideuse!... Ah! Dieu sait si celle-là était dans le bel âge... et dans la belle province pour plaider! Elle était impérieuse et fière jusqu'à l'insolence. A peine arrivée, elle prend le bras de son compagnon de voyage; elle lui fait porter ses paquets; il faut qu'il l'installe à l'auberge. Il commande le dîner, et, le lendemain, quand il croit déjeuner avec la dame, elle était partie en payant le déjeuner, le dîner, l'auberge, en laissant son adresse, avec ces deux mots, qui n'étaient pas d'une sotte : « J'ai gagné mon procès, essayez de gagner le vôtre!... » Il envoya la plaideuse à tous les diables, assez humilié d'être traité comme un valet, lui qui avait vu à ses pieds tant de belles servantes.

Son séjour à Roscoff, en sa qualité de chef de la douane, est tout rempli d'incidents très-dramatiques. Les Anglais n'ont pas quitté ces rivages; les écumeurs de mer y tiennent leurs assises. Les naufragés de la *Méduse*, hélas! les voilà qui débarquent, plus semblables à des spectres qu'à des hommes en chair et en os. Par la nuit sombre, à la lueur des éclairs, au bout du monde, il assiste au plus terrible naufrage qui ait jamais épouvanté les mornes Cyclades de l'Armorique. La nuit, le bruit, l'épouvante et le pillage accomplissent en ce lieu maudit toutes sortes d'horreurs. Un bâtiment est couché sur le flanc, un autre est mis en pièces ; un trois mâts anglais périt, hommes et biens, sur la côte inhospitalière de Plougarneau, quatre cents hommes y trouvent la mort. Deux bricks de quatre cents tonneaux vont rejoindre toutes ces épaves, et les Bretons d'accourir pour piller le peu qui reste de ce naufrage immense, en réclamant le droit de *bris*. C'est bien raconté, tout cela ; sans trop le savoir, notre homme joue un beau rôle, un rôle humain. Peu de jours après, il essayait, avec les amateurs de Morlaix, d'exécuter une sonate de Beethoven, tantôt sur son violon d'Amati, tantôt sur son violon de Guarnerius. En effet, il vivait en vrai gentilhomme ; il avait de beaux livres, de beaux violons, de beaux chevaux, de belles armes ; il faisait de jolis vers, et même on lui volait ses vers. C'était seulement dans les choses d'amour qu'il n'était point ce qui s'appelle un homme parfait. Vous le voyez, même aux dépens de son amour-propre, ce galant homme est un historien véridique, intéressant, et très-curieux ; pas un de ses lecteurs ne saurait le nier.

Voyez, cependant, l'entraînement des choses

humaines, et comment tout se lie ici-bas! Le récit du naufrage de la *Méduse* obtient chez nous le succès d'un mélodrame à grand spectacle. Un jeune homme, un grand peintre appelé Géricault, tout rempli du récit de ces misères et de ces désespoirs, compose un chef-d'œuvre et l'envoie en plein Louvre, où les peintres les plus célèbres viennent, malgré eux, s'incliner, comme on fait devant un miracle... Et pourtant le Musée offre à peine un prix honteux de ce chef-d'œuvre. Or, ce radeau de la *Méduse* portait toute une école, et le grand peintre Eugène Delacroix. Voilà des révolutions que M. Boucher de Perthes ne pouvait pas deviner. Il n'a pas deviné, comme il se rendait de Paris à Marseille, en passant par Mâcon, dans la famille de Prat, un jeune homme à peu près de son âge, élégant, inspiré, superbe et grand rêveur, qui balbutiait en rougissant ses premières élégies. Ce nouveau venu, qui va marcher d'un si grand pas sur le chemin des étoiles, s'appellera Lamartine. Mais qui donc peut deviner les merveilles qu'il a sous la main! Il fallut l'assentiment de l'Europe entière pour que M. Boucher de Perthes, qui faisait de si jolis petits vers et composait de si grandes tragédies, apprît enfin que ces doux coteaux de Mâcon avaient vu naître et grandir les *Méditations poétiques*.

On ferait un joli chapitre avec les déceptions littéraires de notre ami le douanier, d'autant mieux qu'il les raconte avec beaucoup de grâce et de bonne humeur. Comme il était le roi de l'*Almanach des Muses*, une institution qui avait survécu à la monarchie, à la république, à l'empire, et qui ne succomba qu'à la révolution de 1830, non pas sous les coups de la révolution, mais sous les éclats de rire et les belles gaietés du cénacle, il se figurait que le théâtre était ouvert à sa jeune muse, et d'un pied leste il allait frapper à la porte de l'Opéra-Comique, à la porte du Théâtre-Français. Il déposait très-poliment ses manuscrits sur le bureau de M. le secrétaire général, et, six mois après, jour pour jour, il s'en revenait très-poliment chercher des nouvelles de sa *Geneviève de Brabant*, de son *Tibère* ou de son *Saül*. Alors, Dieu sait comment il était reçu par M. le secrétaire général.

« Monsieur, disait-on, à M. Boucher de Perthes, de quelle taille est donc votre manuscrit? De quelle couleur est la couverture? Est-il attaché d'un ruban de soie ou d'une ficelle? » On ouvrait en même temps plusieurs tiroirs, qui contenaient invariablement des morceaux de pain, des bouts de chandelle, une brosse et des contremarques de rebut. Enfin on suppliait le poëte et le musicien, car il faisait tout ensemble, et les paroles et la musique, d'avoir à revenir dans quinze jours..... Il était trop heureux s'il retrouvait poëme et partition au bout de dix-huit mois :

> En ce temps-là,
> C'était déjà comme ça !

Mais rien ne pouvait le décourager. Sur les bords de l'Océan il entrevoyait dans ses songes ces chanteurs fameux : Baptiste Huet, Moraux, le fameux Paul, la célèbre Mme Boulanger, et, dans son rêve, il les voyait récitant sa prose et chantant sa musique. Enfin, quand de guerre lasse, il renonçait aux enchantements du théâtre Feydeau, il invoquait le théâtre de la rue Richelieu, sous le patronage de ses célèbres amis : M. Jouy, M. Jay, M. Aignan, Benjamin Constant, qui l'encourageait tout au moins d'un sourire. En ses moments d'espérance, il s'inquiétait uniquement de savoir s'il lirait à ces messieurs sa comédie ou sa tragédie. Il était sûr que sa tragédie aurait un grand succès sur l'esprit de Talma, mais il ne doutait pas un seul instant que Mlle Mars, dans tout l'éclat de sa jeunesse et de sa beauté, ne lui sautât au cou pour obtenir le rôle de la marquise de Montale. Il y avait bien aussi Mlle Duchesnois qui ne serait pas fâchée, à coup sûr, de jouer le rôle d'Abigaïl, mais il faudrait qu'elle vînt elle-même le chercher. Le lecteur conviendra que les noms de ces comédiens choisis étaient de grande tentation. Talma a fait réussir tant de mauvais ouvrages, à commencer par l'*Abufar* de M. Ducis, à finir par le *Charles IX*, sa dernière création! Mlle Mars, en l'an de grâce et de beauté 1820, était une comédienne incomparable. Elle avait à ses pieds l'auditoire et les poëtes. A son aspect, soudain le sourire et la joie allaient de l'un à l'autre. On ne se lassait pas de l'entendre, on ne se lassait pas de la voir. Son image, peinte par Gérard, occupait la plus belle place dans les meilleurs maisons de la ville. Récemment encore, elle avait conquis une popularité nouvelle en restant fidèle à cet empereur qui l'invitait à ces fêtes pacifiques et lui donnait à Erfuth un parterre de rois. Les générations qui vont venir ne sauraient se douter de l'effet rare et charmant produit par un simple bouquet de violettes à la ceinture de Mlle Mars. Mlle Duchesnois venait après ces deux-là; mais l'intervalle était immense. Elle était laide, avec peu d'intelligence; et si M. Legouvé, son premier maître, ne se fût donné tant de peine à lui expliquer *Clytemnestre* et *Phèdre*, elle n'eût rien compris à ces deux rôles, qu'elle jouait si bien.

La première tragédie de M. Boucher de Perthes

était intitulée *Saül*. C'était un sujet superbe, avec des chœurs comme dans *Athalie*, et le Théâtre-Français, bon calculateur, ne voulut pas des chœurs de *Saül*. Un nouveau venu, tout rempli des ardeurs poétiques de la jeunesse, Alexandre Soumet, s'empara de *Saül*, dont il fit sa première marche à la renommée. O renommée éphémère! elle n'a pas survécu à son auteur. Voyant que *Saül* n'était pas accepté, M. Boucher de Perthes écrivait un *Persée de Macédoine*. Il paraît que Talma en fut enchanté à ce point que Mlle Mars, qui d'abord avait refusé le fameux rôle de la marquise de Montale, accepta le rôle. Ainsi tout allait bien, et Dieu sait si le poëte était heureux! Mais il avait compté sans la censure ; elle mit son *veto* sur *Madame de Montale*, et le poëte, au désespoir, écrivit la *Comtesse d'Aufremont* pour Mlle Leverd, qui était une belle et grande artiste en ce temps-là. Merci de nous! La *Comtesse d'Aufremont* fut refusée, en dépit d'Armand et de Michelot ; mais Mlle Volney, qui était une ultra-royaliste, prétendit que la pièce était scandaleuse, hérétique et conspiratrice. Aussitôt refusée, il y eut autour de la *Comtesse d'Aufremont* ce qu'on appelle aujourd'hui des faiseurs. Chacun prit dans cette épave les détails qui lui convenaient, et le malheureux inventeur en fut réduit à écrire un petit vaudeville pour le plus grand comédien de ce temps-là, Potier lui-même. Il était la comédie en personne; mais ni lui ni les spectateurs ne se doutaient qu'il eût tant de génie; et il se renfermait dans un tout petit cercle, heureux s'il rencontrait un rôle à peu près digne d'un pareil comédien. M. Boucher de Perthes eut le grand tort de fermer sa porte à ce bonhomme, et de ne pas écouter plus patiemment ses doléances. Potier se plaignait de tout le monde et de lui-même ; il était inquiet, comme tous les grands esprits. Il venait souvent frapper à la porte de l'auteur de *Persée de Macédoine*, et la porte était fermée. En s'y prenant avec bonté, avec bienveillance, en consolant peu à peu ce grand artiste, il eût fini par entendre, à son tour, la *Comtesse d'Aufremont* ou la *Marquise de Montale*. Alors il eût expliqué au jeune homme pourquoi donc il n'était pas dans la vérité et comment on y rentre. Il a passé, ce jour-là, bien près du succès, M. Boucher de Perthes. Il aurait dû savoir qu'un soir Mlle Mars et Talma, se trouvant dans la même loge, aux Variétés, et voyant Potier dans un de ses plus petits rôles : « Vois-tu, mon enfant, disait Talma à sa camarade, celui-là en sait plus long dans son petit doigt que Talma et Mlle Mars. Tout autre ayant ainsi parlé, Mlle Mars lui eût montré la porte; elle avait trop de respect pour Talma, et peut-être un peu mieux que du respect. On raconte, en effet, qu'un beau jour de printemps, Mlle Mars ayant rencontré Talma dans la grande allée des Tuileries (c'était alors un lieu splendide, où se rendaient toutes les célébrités de l'univers) :

« Je pensais hier, lui dit Talma, en te voyant jouer Célimène, que nous n'avions été jamais que deux amis; pourquoi cela, ma chère Hippolyte?

— Ah! pourquoi? répondit Mlle Mars; Néron n'a jamais rien demandé à Célimène! »

Et, silencieux, ils achevèrent la promenade commencée.

Voilà comment toutes les pièces qu'il a tentées ont péri entre les mains de M. Boucher de Perthes. Mais presque toutes ont été recueillies par les arrangeurs.

« Qu'avez-vous donc fait à ma pièce, disait-il à l'un de ces messieurs, pour que vous l'ayez prise à vous tout seul?

— Ce que j'ai fait? répondit l'autre; je l'ai copiée de ma propre main, et j'ai écrit *alégresse* pour *allégresse*, qui ne se dit plus. Heureusement que l'auteur de *Saül* et de *Persée de Macédoine* était facile à consoler. »

Repoussé du théâtre, il revenait en toute hâte à sa tâche quotidienne, et très-souvent il trouvait que le guignon de Paris le suivait en Bretagne. Il y a comme cela des jours où la petite misère et le petit chagrin sont à vos trousses. A peine à Morlaix et voulant oublier les grands airs de Mlle Leverd, les câlineries de Mlle Mars, les coups d'épingle de Mlle Volney, notre homme s'en va saluer Mme de X... en son château; et comme il fait son entrée à la façon de Franconi, le cheval fait un écart et le cavalier se retient à la selle. On l'invite à dîner; il est placé à la droite de la demoiselle, et ne sait que lui dire. A peine levé, le lendemain, il voit un homme qui se noie au beau milieu de l'eau; et, comme il veut le repêcher, il tombe en un tourbillon, et c'est le noyé qui sauve son sauveur. Le surlendemain, la jeune demoiselle était seule au salon; c'était le cas, ou jamais, de lui dire : Vous êtes belle!... il lui propose d'aller tuer des lapins dans le parc. Elle prend son fusil, un lapin passe, elle le manque, et son plomb va frapper en plein visage M. le douanier. Alors le voilà qui s'imagine qu'*elle* a voulu le tuer. Il en a la fièvre, et Dieu sait les mauvais rêves! Au bout de quinze jours, quand il revient, croyant du moins qu'elle va le plaindre, la dame lui rit au nez, et lui demande: «Comment se porte M. de Saint-Cricq?» M. de Saint-Cricq était le chef de la douane. Il venait à Morlaix pour tout inspecter. Il se promena pendant dix-neuf jours dans toute la Bretagne, et peut-être la génération présente ne sera pas fâchée de savoir comment, en ce temps-là, voyageait un directeur général des douanes. Il avait quatre carrosses de suite outre le sien, sans compter les voitures qui se joignaient à son cortége. Dans chaque ville on battait aux champs; dans chaque village on sonnait les cloches. Déjeuner, dîner, souper, goûter, quatre énormes repas chaque jour. M. le directeur général ne pouvait habiter qu'une chambre sur le derrière : si la chambre donnait sur la rue, on matelassait les fenêtres. Les coqs d'un certain bourg ayant réveillé M. le directeur général, tous les coqs des lieux où il couchait eurent la tête tranchée. A Tréguier, tous les coqs étant décapités et les fenêtres matelassées, comme on vint à penser que le lendemain était un jour de marché, une sentinelle, placée à chaque bout de la rue, exigea que les Bas-Bretons portassent leurs sabots à la main. Le grand souci de M. le directeur général était de recevoir la première visite des chefs de la marine et de l'administration locale, qui n'y manquaient guère. Mais à Brest, dont le commandement appartenait à un vice-amiral, il fallut parlementer. Ni l'un ni l'autre de ces messieurs ne voulant céder

Des vains honneurs du pas le frivole avantage,

il fut arrêté entre les hautes parties contractantes que, chacun partant de son côté à la même heure, on se rencontrerait en route. En même temps, M. le directeur général voulait une messe dite exprès pour lui et sa suite, et comme il se levait fort tard et que les curés bretons voulaient déjeuner de bonne heure, il était assez difficile de satisfaire M. le directeur général. Bien plus, il lui fallait un livre de messe à son usage, qui n'eût servi à personne et qui ne fût ni trop gros ni trop petit. Avant de quitter M. le directeur général, ses employés lui donnèrent un dîner de trente couverts; la carte coûta plus de douze cents francs. Arrivé à Quimper, et pressé par le temps, M. le directeur général chargea M. Boucher de Perthes de porter ses respects à monseigneur l'évêque de Quimper. Le jeune homme obéit, et dès le lendemain il se rend au palais épiscopal. La porte était ouverte à deux battants; il est introduit dans une chambre tapissée de rouge et remplie de cierges. Monseigneur est sur le lit de parade, la mître en tête et la crosse à la main... Il était mort.

VIII

Voici cependant déjà longtemps que nous n'avons rencontré dans ces Mémoires une histoire amoureuse, et sans doute :

« Allons, dites-vous, l'âge arrive et les histoires s'en vont. »

Non pas; si elles nous ont donné quelque répit, les revoilà, Dieu merci, qui nous reviennent de plus belle, ces douces élégies dans lesquelles sont contenus les plus beaux instants de la vie humaine. Écoutez plutôt M. de Lamartine, appelant et rappelant ses belles amours :

> Ce qu'on appelle nos beaux jours
> N'est qu'un éclair brillant dans une nuit d'orage,
> Et rien, excepté nos amours,
> Ne mérite un regret du sage.

Comme il était à louvoyer sur sa barque à la hauteur de l'île de Batz, cherchant quelque fraude et quelque fraudeur, M. Boucher de Perthes en trouva qu'il n'attendait guère. Un canot mystérieux glissait, vers le point du jour, sur l'onde apaisée, et quand il vit que le canot de la douane entrait dans ses eaux, il ajouta une voile à sa voile, et, faisant force de rames, il aurait distancé le cutter de la douane; mais il fut arrêté net par un boulet de canon. Trois personnages se tenaient dans cette barque : deux rameurs, un homme au gouvernail, un jeune homme assis, et dans le fond de la barque un objet couvert d'un manteau.

« Qui va là ? »

Les matelots dirent leurs noms. Le jeune homme inconnu répondit qu'il était un simple passager; puis, tout d'un coup, voici sortir du manteau une jeune Basse-Brette, une Française de Saint-Pol-de-Léon, presque une enfant; mais cette enfant, apostrophant le jeune homme :

« O lâche, ô menteur ! s'écria-t-elle; il m'enlève à mon père, à ma mère, il m'a perdue ! »

Et puis des larmes et des cris, et des supplications qu'on la rendît à sa famille. Ainsi firent les douaniers, très-heureux de ramener la brebis au bercail. M. Boucher de Perthes a fait de cette rencontre... une chanson, rien de plus, et la chanson se chante encore aux veillées de Saint-Pol-de-Léon. Quelque temps après cette belle pêche en pleine mer, notre homme est invité chez un de ses confrères de la douane, appelé M. Chaslon. Ce M. Chaslon était un homme d'esprit, très riche et de belle humeur. Il possédait un des plus beaux châteaux de la Brie, le château de Jonville, entre le château de Sainte-Assisse et le château de Nainville, habité par trois belles et spirituelles femmes, qui n'étaient rien moins que les trois filles de M. le duc de Rovigo. L'heure était plaisante et favorable aux beaux mariages; M. Chaslon avait trouvé pour son confrère un bon parti : richesse, esprit, beauté, talents, rien n'y manque, et même on a pris jour pour la présentation. Le jour venu, nos deux amis se présentent chez la demoiselle; elle était absente avec son frère, on ne savait s'ils rentreraient pour dîner; bref, si notre homme arrivait bien disposé, le voilà tout refroidi par cette malencontre. On a beau dire : *Tous les mariages sont écrits dans le ciel*, il faut que celui-là ait été écrit en bien petits caractères, car le jeune homme eut bien de la peine à rejoindre une ou deux fois la jeune demoiselle. Elle s'appelait Émilie, et son père avait trente mille livres de rente, sans compter quelques espérances. Ils dansèrent ensemble; il se trouva que Mlle Émilie avait deux pouces de moins que l'idéal de son prétendu, et voilà le mariage rompu. Il en coûta six cents francs à notre curieux. Son père en vain voulut les lui rendre, il répondit à son père qu'il voulait payer son imprudence, et pour se consoler (triste consolation!) il s'en fut dîner, en *patache*, avec une vieille abominable entre toutes, les vieux doigts tachés d'encre, ayant nom Mme de Genlis. Ses contemporains vous diront *qu'elle avait été charmante,* elle n'était plus qu'une radoteuse aux gages de M. Ladvocat, le fameux libraire du Palais-Royal, pour qui elle écrivait des *Mémoires* de son invention. Dîner avec Mme de Genlis en perruque rousse, quand on pouvait dîner à côté de Mlle Émilie, et la voir sourire, et l'entendre causer! Dîner avec Mme de Genlis quand on avait refusé de souper chez Mme de Staël! Innocence et simplicité de ces douanes de l'âge d'or! Donc, en toute hâte, il s'en revint à son poste, et juste au moment où le ministre de la marine, M. le duc de Clermont-Tonnerre, un ministre excellent justement parce qu'il n'était pas marin, s'en vint visiter Brest et les côtes de la Bretagne. Il fut très-bienveillant pour le chef de la douane; il voulut que M. Boucher de Perthes ne le quittât pas un seul instant. M. Boucher de Perthes a gardé bon souvenir de ce grand seigneur affable et bien élevé, qui s'informait de tant de choses qu'il ne savait guère. M. le duc de Clermont-Tonnerre est mort il n'y a guère plus d'un an, dans son château de Grisolles, entouré des respects unanimes; et comme il voulait jusqu'à la fin mettre à profit les loisirs forcés que lui avait faits la Révolution de juillet, il a traduit en véritable helléniste, et dans une langue excellente, un des rhéteurs les plus charmants de la Grèce antique, Isocrate, honoré de l'admiration, mieux encore, de l'imitation de l'orateur romain.

Ce fut à Brest, dans un des grands bals qui se donnaient au ministre, que M. Boucher de Perthes rencontra une aimable espiègle, Mme L. R. C'était une rieuse, et rien de plus, mais son rire était salé ! Elle s'en venait de bonne heure, en tapinois, chez M. le directeur de la douane, et quand M. L. R., qui était un simple inspecteur, s'en venait prendre, avec son chien, les ordres de M. le directeur, Mme L. R. jetait au chien des boulettes de mie de pain, et faisait la grimace à son bonhomme de mari, qui ne s'en doutait guère.

« Mais, lui disait M. le directeur, ça finira mal !....

— C'est bien mon intention, disait la dame, et d'ailleurs, je puis me moquer de mon mari, je suis *demoiselle*. »

On eût dit qu'elle avait deviné le mot de la fin de l'*Ami des femmes*, du jeune Alexandre Dumas. L'histoire est gaie. Hélas ! voici Mlle Rose, et rien de plus triste. Un fantôme, un doux fantôme. Elle avait dix-neuf ans depuis une heure, quand sa mère lui dit d'embrasser le jeune homme. A peine si le baiser effleura cette belle joue, et Rose tomba de défaillance dans les bras de son fiancé. Une autre fois, comme elle fuyait, ses cheveux en désordre, un arbuste arrêta Rose par ses cheveux. Il dégagea Rose, et par reconnaissance il emporta la branche de l'arbuste. Ainsi se terminèrent ces chastes amours, et maintenant, la nuit, il revoit le fantôme... il eût mieux fait de l'épouser.

Dans la diligence de Brest à Paris, monte un monsieur d'un certain âge, accompagné de deux demoiselles. A l'aspect de notre héros (on voit bien qu'il ne le connaissait pas), notre voyageur se récrie et se fâche. Après qu'il eut bien crié, l'une des fillettes, endormie à demi, s'endormit tout à fait sur l'épaule complaisante du jeune douanier. Et si complétement le bon père était remis de sa frayeur, qu'il disait : « Laissez-la dormir, elle dort si bien ! » Or, cette enfant avait quatre cent mille francs de dot. Elle était bonne et douce, et confiante ! oui, mais elle était si fluette ! Elle ne vivra pas, se disait le jeune homme à marier. Comme il entrait dans Paris, on lui apprit, c'était le comble de son ambition, qu'il était nommé directeur des douanes, à la place de son père, dans sa ville natale, Abbeville. Il a fait d'Abbeville un portrait tout filial et d'une grande ressemblance. Il a parcouru bien des terres lointaines, il a traversé bien des cités charmantes, et n'a rien vu de comparable à sa douce Picardie, à sa bonne cité d'Abbeville. On trouve en ce beau lieu les Picards les plus complets de ce bas monde; une race un peu lente et remettant toujours au lendemain les affaires sérieuses. Rien de plus difficile, ici-bas, que d'obtenir son compte d'un marchand d'Abbeville. Achetez toute sa boutique et lui demandez sa facture, il répondra qu'on le méconnaît. Il arrive assez souvent que toute une génération de débiteurs mourrait insolvable, si elle ne laissait pas des héritiers pour payer ses dettes. Voyez-vous dans la grande cité ces grands hôtels en pierre de taille, et semblables au palais de la Belle au bois dormant? A peine on sait le nom de leurs propriétaires. Pas d'habitants, pas de gardiens; parfois une indolente main ouvre, au soleil levant, ces fenêtres bien calfeutrées. La cour est pleine d'herbe, le jardin plein de vieux bois, des pigeons à barbe blanche s'abattent sur ces vieux toits, réparés par miracle. Un gros chat de belle race est le seul habitant visible de ces demeures seigneuriales. Puis, tout à coup, au bout d'un demi-siècle, on apprend que tel propriétaire est revenu, de très-loin, sous le toit de ses pères. Il était capitaine de vaisseau, colonel d'artillerie, ingénieur, quelque chose enfin. Soudain le voilà pris de nostalgie; il jette aux orties son grade et son titre, et ses rubans et ses honneurs, et le voilà qui s'en revient, d'un pas calme et souriant, dans la vieille maison qu'il ne quittera plus qu'à la mort. Recevez, mes amis, ce simple et bon citoyen, sans vanité, sans orgueil. Noble bourgeois, il est vôtre, et s'il amène avec lui une femme et des enfants, avant la fin de l'année, il arrive que la femme, une Abbevilloise, née à Marseille, et que les petits enfants, nés à Bordeaux, sont tout à fait de petits Abbevillois. Ils ont oublié tout le passé pour n'appartenir qu'à la cité présente. Abbeville est le centre unique de leurs actions, de leurs discours; ils en ont la douce ironie et la malice à l'état latent. L'opposition leur plaît, pourvu qu'elle soit prudente. Ils regretteraient volontiers les princes déchus, s'ils ne craignaient de déplaire à la majesté présente. Ils se moqueraient d'*aujourd'hui*, mais demain les arrête. Il ne leur plaît pas que l'on soit, chez eux, poëte, artiste, écrivain, savant, rien de tout ce qui fait un peu de tapage et produit un peut de gloire. Ils ne savent pas que leur compatriote Millevoye était un peu poëte, que leur contemporain, M. de Pongerville, a traduit en très-beaux vers le poëme de *la Nature des choses*. Ils vous demanderont si M. Lesueur, l'auteur des *Bardes*, n'était pas un marchand de drap? En fait de musique, ils apprécient surtout le bruit des cloches, et leur enthousiasme est partagé par

MM. les corbeaux de la collégiale de Saint-Vulpian. Ces centenaires abandonnèrent leur clocher natal aussi longtemps que les cloches furent muettes. Au premier bruit du clocher réjoui, ils revinrent à tire d'ailes. Abbeville est un lieu de bienfaisance ; on y est charitable en naissant. La main donne au pauvre qui sourit, et ne sait pas ce qu'elle donne. Un pauvre entre et sort du logis domestique, heureux de tout, content de rien. D'un pot de piquette il se grise, et quand il est gris, bonjour la compagnie ! il chante, il est amoureux, il est content ! Puis il s'endort sur un brin de paille, en véritable Abbevillois du bon Dieu.

Quand il rentrait dans Abbeville avec ce beau grade, notre Abbevillois marchait sur ses trente-sept ans. Rien que cela. Il avait quitté la bonne ville en 1805 ; il y rentrait sans regrets, et surtout sans remords. Il avait été simple et bon, modeste et courageux. Il marchait au péril sans faste, il en revenait sans orgueil. Les simples citoyens l'aimaient en dépit de sa noblesse ; il était agréable aux princes en dépit de sa sincérité. Son Altesse Royale Mme la duchesse de Berri, qui a laissé chez nous un renom presque impérissable de gentillesse et de bonté, rencontrant à Dieppe même ce fils de saint Mathieu, ne voulut pas d'autre danseur et d'autre écuyer cavalcadour. Ils riaient ensemble et se moquaient tantôt de cette Anglaise maigre, ébouriffée de bluets et d'épis, tantôt de cette lady du boulevard de Gand, chargée de colliers, de bracelets et de bagues. Ils riaient surtout le jour où Mme la duchesse de Berri imagina cette fameuse cavalcade où les dix plus belles femmes et les vingt plus beaux hommes de sa suite enfourchèrent les trente plus vilains ânes de la ville de Dieppe. Ils riaient en voyant Mgr de Chabous, évêque d'Amiens, perdu et presque écrasé dans un gros de cuirassiers tous chargés de leurs cuirasses. On eût dit une alouette dans un vol de vautours. Une fois, que Madame se promenait incognito sur la plage, elle aperçut un groupe admirant, écoutant, applaudissant, et la voilà qui monte sur une chaise (les moins discrets auraient pu dire la devise de sa jarretière); alors M. de Menars d'accourir, et des basques de son habit brodé d'en faire paravent aux jambes de son Altesse. Ils faisaient bien de rire, princes et princesses, et chevaliers d'honneur. C'était leur dernier jour de règne. A la même heure, un esprit borné et malfaisant, un de ces braves gens qu'il faudrait jeter dans les abîmes, s'emparait du règne, et l'un des écrivains les plus indifférents à la chose politique, un véritable épicurien qui vivait au jour le jour d'un perdreau, d'un vers de Virgile et de deux bouteilles de vin de Champagne, Étienne Béquet, inspiré par le plus grand politique et le plus sérieux de son temps, un politique sans ambition, s'écriait à la fin d'une période éloquente (un dimanche!) : *Malheureuse France! Malheureux roi!* Puis, sans trop s'inquiéter de cette parole, digne d'être écrite sur la salle des festins d'un satrape d'Asie, il s'en allait, le sourire à sa lèvre lippue et l'ironie au regard, dîner chez Mlle Mars.

A côté de Mme la duchesse de Berri il y avait une aimable femme, une élégante, une ci-devant Altesse, Mme la marquise de Loulé, qui ne se vantait pas tous les jours d'être la sœur du roi détrôné don Miguel, un barbare, odieux même aux rois de l'Europe, dont il avait compromis la majesté. Mme la marquise de Loulé, légère et vive, aimait la danse, et n'aimait guère la duchesse de Berri, qui le lui rendait bien. C'était l'usage que les princesses invitassent leur cavalier; Mme de Loulé invita M. Boucher de Perthes, et, le malheureux! il se vit forcé de danser vis-à-vis de Madame. Elle était furieuse; elle offrait et retirait sa main en faisant de gros yeux à ce cavalier malencontreux. Il en fut bien récompensé. Comme il ramenait sa danseuse, il advint que la dragonne de son épée et la grande croix de Portugal que Mme de Loulé portait en sautoir s'emmêlèrent tant et si bien, qu'ils se réfugièrent dans l'enceinte réservée, et beaucoup trop vite, hélas! la dragonne et la croix de Portugal se dégagèrent l'une de l'autre. Un Don Juan, moins encore, un duc de Richelieu, moins encore, un Casanova, eussent tiré bon parti de cette croix attachée à la dragonne de leur épée. Don Juan peut-être aurait eu la dame; à Richelieu fût échue la princesse; Casanova, le bandit, eût accroché sur sa poitrine la belle croix, dont il eût vendu les diamants le lendemain.

Sur l'entrefaite arrive dans la ville de Dieppe Mme la Dauphine..... Encore un fantôme! Elle se montrait sans gêne et sans peur dans tout son naturel. Elle était brusque et franche, intrépide à l'attaque, hardie à la réplique, et tant pis pour le flatteur qui mentait à cette princesse, amie et servante de la vérité. Elle fit une question au préfet, qui lui répondit : « Non, madame. »

Elle adressa la même question à notre directeur des douanes, qui répondit : « Oui, madame. »

Alors la voilà très-mécontente, et qui veut tout savoir : qui donc de ces deux hommes se trompe ou l'a trompée? Il advint, naturellement, que c'était le préfet, et que la vérité, cette fois encore, était sortie des lèvres de Boucher le véridique. Il y avait bien un certain nuage appelé le prince de

Polignac sur le front de Mme la Dauphine, et pourtant elle riait de bon cœur. M. de Perthes, certes, qui n'est pas flatteur, nous apprend que Mme la Dauphine avait encore de *belles épaules et des bras parfaits*. Nous le croyons sur sa parole, et cependant c'est la première fois que nous ayons entendu louer l'austère princesse pour quelques beautés de sa personne. Elle a porté jusqu'à la fin de ses jours la méfiance et, disons mieux, la terreur que sa présence inspirait à la France, lorsqu'en 1814, après un exil de dix-sept ans, la France la vit reparaître, cette illustre échappée de la tour du Temple, où elle avait appris la mort de tous les siens. Certes, elle eût été contente, si on lui eût dit qu'un gentilhomme de trente-sept ans avait fait l'éloge de ses épaules et de ses bras parfaits. Mademoiselle était là, toute jeune, et jouant à la poupée. Elle causait; quelqu'un vint à parler du nouveau ministère :

« *Hélas!* s'écria Mademoiselle, *c'est très-malheureux!* »

Elle ne savait pas si bien dire. Il y avait aux Tuileries de vieux personnages qui auraient bien fait de consulter cette enfant et sa poupée. Il est écrit quelque part : *Ceux que Jupiter veut perdre, il les rend fous.*

IX

Mais assez de tristesses. Je vous ai promis tout à l'heure une ou deux histoires d'amour ; j'espère que celle-ci vous plaira. Comme il était à son bureau, écrivant je ne sais quel rapport, M. le directeur vit entrer deux fillettes bien vêtues et très-éveillées, surtout l'aînée. Elle poussait devant elle une jeune sœur très-mignonne et très-formée, à ce point qu'on eût dit qu'elle était enceinte :

« Hélas ! c'est très-vrai, monsieur le directeur, nous sommes bien malheureuses. Notre père est assez riche, et nos deux frères appartiennent à la douane. Enfin, tout irait bien, si ce n'était le malheur de ma petite sœur. »

En même temps elle la poussait, et l'autre avançait en rougissant. Alors voilà le chaste et sévère Boucher de Perthes, petit-cousin de Jeanne Darc par sa grand'mère, qui rougit et balbutie à son tour :

« Est-ce possible ? Une fille séduite, et séduite, ô misère ! par un douanier ! »

Plus la fillette épiait d'un regard ce brave homme et le voyait entrer dans une grande indignation, plus gros étaient ses soupirs. Encore un peu, la voilà qui pleure.

« Allons, rassurez-vous, mes enfants, disait-il, nous y mettrons bon ordre ; il n'y a pas de don Juan dans les douanes. Mais, dites-moi d'abord le nom du coupable, et puis laissez-moi faire ; vous en aurez bonne et juste réparation. »

Après avoir bien hésité et bien tourné autour de la question, la fillette avoua que M. Bernard, caporal de la douane, était l'heureux malheureux. Puis elle s'arrêtait, demandant beaucoup d'indulgence, et disant que peut-être elle avait été coquette...

« Il n'y a pas de coquette, il n'y a qu'un suborneur ! » s'écriait le féroce directeur.

Sur quoi les deux fillettes s'en vont en faisant de grandes révérences, et le grand juge, en les voyant trotter menu, pensait que son jeune caporal était un scélérat bien heureux. Mais quoi ! la discipline avant tout :

Tout beau, mon cœur, point de faiblesse humaine...

Et le lendemain, de bonne heure, on invite à comparaître par-devant M. le directeur le très-innocent caporal Bernard. A peine entré dans le prétoire :

« O scélérat! Qu'as-tu fait? » D'abord, l'infortuné ne comprend rien à cet exorde en *quousque tandem?*

« Ah ! mon Dieu ! s'écria-t-il enfin, qui! moi ? monsieur le directeur, séduire et tromper une honnête fille ! Ah ! je vous jure, j'en suis aussi incapable que vous. »

Mais plus il jurait moins on voulait le croire. Il fallut appeler des témoins : M. le curé, le père et la mère, qui tombèrent de leur hauteur. Enquêtes et contre-enquêtes, et toujours il se trouvait que le jeune homme était une vraie demoiselle, et qu'on n'aurait jamais cru cela de la jeune personne. Il fallut se rendre enfin à l'évidence. On reconnut, tout d'une voix, la parfaite innocence du caporal Bernard. La fillette avait menti par amour; par amour, elle s'était déshonorée. Elle avait encore... tout ce qu'avait notre arrière-cousine Jeanne Darc pour sauver la France. Et lorsque après cette longue enquête toutes ces vérités furent démontrées, plus claires que le beau jour, le juste et vertueux caporal Bernard, se jetant aux pieds de cette aimable enfant, lui demanda sa main. Les voilà mariés. M. Boucher de Perthes fut témoin du mariage. Ils vécurent très-heureux, très-amoureux l'un de l'autre, et n'eurent pas d'enfants.

Cette heureuse direction d'Abbeville, il faut le dire, était pleine de tentations. Il n'était pas si petit *gabelou de deux liards* qui n'eût peu ou prou sa protectrice, et sitôt qu'il l'avait gagnée, il l'envoyait (connaissant le chapelain) à ce digne et paternel directeur. Tantôt c'était une belle paysanne, ornée à ravir de toutes les beautés d'une personne accomplie, et la voilà, en guise de promesse et d'avertissement, qui faisait comprendre au directeur qu'elle serait, pour peu qu'il la mariât avec Jean, son cousin, des falaises de Dieppe, une admirable nourrice. Ou bien Jeannette arrivait disant qu'elle était enceinte, et qu'il fallait la marier de suite. Ainsi des filles, des sœurs, et des cousines ; mais c'était du bon bien perdu, des sourires inutiles, des tentations à vau-l'eau. L'ancien Joseph apparaissait toujours. Plus d'une fois, pour le punir, son saint patron lui tendit de fortes embûches. Par exemple, un jour qu'il allait dans l'une de ces diligences maudites dont il aurait dû se méfier, tant elles lui avaient joué de mauvais tours, soudain la portière s'ouvre au coin d'un chemin de traverse. Une belle fille entre, ou plutôt se précipite, un paquet à la main. Elle était émue, elle pleurait ; il la console comme un père de famille, et même il l'invite à déjeuner au *Soleil d'or*, oubliant, le maladroit, qu'il avait déjà été victime d'une pareille aventure. A peine ils étaient à table, à la table de l'hôte, un gendarme arrive et signifie à la demoiselle, ainsi qu'au monsieur, qu'il va les conduire au cabinet de M. le procureur du roi. Ce que c'est que de nous! le vieux télégraphe essoufflé, qui n'avait rien de mieux à faire, avait dénoncé les deux fugitifs; le gendarme était venu, qui les avait happés au passage, et ce qui est pire, au potage. Interrogé, le conducteur répondit que mademoiselle avait rejoint monsieur à tel endroit, et qu'il n'en savait pas davantage. Et voilà la diligence partie, et voilà que M. le procureur du roi ne veut rien entendre, et voilà qu'on les menace de leur faire passer la nuit dans la prison, ce qui eût été la meilleure façon de démontrer que le télégraphe se trompait.

Ces sortes d'accidents le mettaient hors de lui; volontiers, il se fût écrié comme Socrate, parlant de l'amour : *Délivrez-nous, grand Dieu, de ce maître agreste et furieux.* Deux ou trois fois cependant l'amour l'avait emporté sur la raison. Que dis-je? Il avait été lui-même au-devant du péril, il l'avait sollicité, et il s'était mis à genoux, priant et suppliant la dame, ici présente, de ne pas rejeter sa complainte :

« Allons, dit-elle, je le veux bien; cachez-vous dans cette armoire, attendez que je revienne, espérez!.. »

Il avait attendu jusqu'à trois heures du matin ; il avait compté les danses et les contredanses, et pas un coup d'archet qui ne lui fût retombé sur le cœur. L'heure arrive où la *princesse*, enfin délivrée, peut obéir aux mouvements de son cœur ; avant qu'il soit dix minutes, Saint-Preux entrera chez sa Julie. O bonheur ! l'armoire est ouverte, il respire, il sent qu'on le prend par la main, il touche au ciel... C'était la main du mari, qui commença par jeter l'amoureux à la porte, et le lendemain l'amoureux, pour sa peine, eut un grand coup d'épée. Il y a véritablement de quoi rendre un homme assez sage, et nous ne trouvons pas, en ce moment, que M. le douanier fût si coupable que nous l'avons cru tout d'abord.

Une autre fois (rassurez-vous, nous touchons à la fin de ses amours), comme il se mettait trop souvent à la fenêtre, une voisine, et toute jeune, avait grand soin, de son côté, de regarder dans la rue ; au bout de huit jours elle regardait le jeune homme. En vain il fermait sa fenêtre, elle l'attendait au jardin ; s'il allait à cheval, au grand galop, il entendait tout à coup le galop d'un cheval... On eût dit le cheval de Mazeppa. Il entrait et fermait sa porte à double tour, il trouvait la dame en son logis. Elle priait, suppliait, mais en vain, le directeur des douanes d'Abbeville ; elle l'appelait injuste, ingrat, et plus cruel que le crocodile de saint Vulfren ; et lui, toujours il répétait : « Délivrez-nous, Seigneur, de ce maître agreste et furieux ! » Eh bien ! qu'il soit content ! l'heure arrive où les belles femmes vont laisser notre Hippolyte au repos. Le jour funeste où il découvrit que ses cheveux bouclés tombaient, que sa barbe blanchissait, que ses dents avaient moins d'éclat, et, pour tout dire, qu'il n'était plus jeune, il nous raconterait qu'il poussa un soupir d'allégeance et de contentement, nous ne le croirions pas. Il en fut triste, au contraire, jusqu'à la mort. Comme il vous a regrettées, en ce moment terrible, grâces et beautés de l'Italie ! et vous aussi, gentilles Basses-Brettes, qui lui faisiez des yeux si doux ! A son tour il chanta d'une voix plaintive l'ode à Posthume : « Ah ! Posthume, elles sont parties, les belles années. Voici déjà les rides, et demain, voici la mort ! » A dater de ce moment, nous n'avons plus sous les yeux qu'un homme attristé malgré lui. Il dirait volontiers, comme lord Byron : *Je suis tombé dans le sérieux.* Le dernier jour de la maturité, la jeune Mathilde *n'avait des yeux que pour lui.* Il était temps encore de bien finir. Il ne l'a pas voulu, n'en parlons plus. Demain, Mathilde aura trouvé un homme assez heureux pour l'épouser. Alors, le voilà qui s'en revient en toute hâte à l'Odéon, ce refuge des pêcheurs, et à son *Comité de lecture.* Il était très-bien composé, ce comité de lecture, et je ne crois pas que jamais la littérature dramatique ait retrouvé son pareil : M. Raynouard, l'illustre auteur des *Templiers,* la plus belle, et, disons mieux, la seule tragédie de l'Empire; M. Droz, membre de l'Académie, un bel esprit qui parlait du *bonheur* comme s'il était plein de son sujet; M. Auger, l'académicien, qui mourut d'une mort volontaire dans ces mêmes flots qui baignent incessamment le palais des Quatre-Nations; M. Briffaut, l'auteur de *Ninus II,* le doyen de l'Académie, un demi-grand seigneur dont l'urbanité plaisait à tout le monde; Andrieux, le vieil Andrieux, professeur au collége de France, où il attirait, à sa parole doublement voilée, un nombreux auditoire féminin; Andrieux, secrétaire perpétuel de l'Académie, et l'auteur d'un *Brutus* discret qu'il fit représenter dans les premiers jours de la révolution de 1830. Qui donc encore? Alizan de Chazet le chansonnier, un poëte de cour, et je ne serais pas étonné que le roi Charles X n'eût regardé, dans sa pensée intime, Alizan de Chazet comme égal, pour le moins, à ses deux gardes du corps, Alfred de Vigny et Lamartine. Il y avait aussi parmi ces juges très-célèbres MM. de Nugent, Gaillard de Murray, de Gimel, et Viollet-Leduc, très-fin connaisseur, savant bibliophile, un bon juge. En tout, onze maîtres, qui se réunissaient loyalement dans le petit salon du théâtre, écoutant, silencieux, les belles choses qui leur demandaient la vie ou la mort. Les gens qui faisaient des lectures, avant la lecture, appelaient ce comité : l'Aréopage ; après la lecture, s'ils étaient refusés, ils le mettaient bien au-dessous de la justice de paix du 13e arrondissement. M. Boucher de Perthes lut son *Persée* à l'*aréopage*, et l'aréopage, à l'unanimité, accepta le *Persée*. A peine si ces messieurs demandaient au poëte quelques légères corrections. Huit jours après, l'auteur du *Persée* accourt chez M. Raynouard, qui s'était chargé de lui indiquer les corrections, et M. Raynouard lui remet son manuscrit raturé, bâtonné : encre rouge, encre noire et crayon, rien n'y manque. Ah ! le malheureux *Persée !* et déjà M. Boucher de Perthes songeait à lire à l'aréopage son *Constantin*. Le surlendemain de sa visite à M. Raynouard, le poëte, au désespoir, s'en va chez M. Viollet-Leduc. Il est reçu dans cette admirable bibliothèque où se réunissaient, tous les dimanches, les jeunes gens qui allaient éclore : Hugo, Sainte-Beuve, Vitet, Dubois, Rémusat, Jules Lefèvre, M. Delécluze, les deux frères Émile et Antony Deschamps, tous les rédacteurs du *Globe*. On cherchera dans cent ans où donc se tenait le cénacle, et pas un ne se souviendra que c'était dans la bibliothèque de M. Viollet-Leduc. M. Viollet-Leduc trouva que les corrections de M. Raynouard n'avaient pas le sens commun. M. Andrieux alla plus loin : il s'écria que la pièce était un chef-d'œuvre, qu'il n'y fallait rien ajouter, rien retrancher. Et comme en ce moment l'auteur du *Persée* hésitait à se fier à ces belles paroles (il avait vu dormir M. Andrieux), M. Andrieux, acte par acte, fit l'analyse de la pièce nouvelle; en même temps il récitait les vers qui l'avaient frappé. Voilà ce qu'on ne voudra pas croire, et pourtant rien n'est plus vrai. M. Andrieux écoutait en dormant. Au bout de quinze jours, notre auteur obtenait une seconde lecture. Ils se retrouvèrent au même lieu tous les neuf; tous les neuf entendirent ces cinq actes pour la seconde fois! L'auteur n'avait pas changé un *iota*, et M. Andrieux lui faisait grand peur. Mais M. Andrieux s'écria que « c'était bien « mieux que le premier jour ». Voilà, disait-il, comme on écoute, et comme on suit un bon conseil. Et maintenant, ils demandaient les uns et les autres un tour de faveur pour le nouveau *Persée*. O temps primitifs! juges naïfs! adoration de la tragédie, qu'êtes-vous devenus? Il est vrai que sous les lois de ce même aréopage le théâtre de l'Odéon était toujours en faillite ou fermé. Cette fois pourtant l'auteur était bien en droit, après cette double acceptation, de penser qu'il sera représenté tôt ou tard; mais l'Odéon se ferma, et quand il s'ouvrit de nouveau, l'auteur réclamant un droit si légitime, on lui répondit « qu'il fallait relire, et que l'acceptation de MM. Raynouard, Nugent, Droz, Auger, Briffaut, Alizan de Chazet, Gaillard, de Gimel, Andrieux, Viollet-Leduc, ne comptait pas ! »

Voilà comment les trois grands rêves de M. Boucher de Perthes ne furent jamais réalisés. Il voulait se marier (qui l'eût dit !), tous ses mariages ont manqué; il voulait rester à Paris, il est encore un citoyen d'Abbeville; avant toute chose il voulait faire jouer une de ses pièces, tragédie ou comédie..., au moment de la représentation le théâtre brûle ou fait banqueroute, le comédien meurt, on enlève la comédienne, ou bien c'est la censure et la police qui ne veulent pas du *Persée* et du *Grand homme chez lui*. Dieu merci ! il portait légèrement toutes ces disgrâces. Il menait une vie occupée, et si la poésie était rebelle à ses volontés, la musique, en revanche, le comblait de ses faveurs.

M. de Perthes, félicité enviable ! avait, en outre, une belle et nombreuse famille, un vieux père entouré de louanges et de respects, et de belles petites nièces qui ont tenu tout ce qu'elles promettaient à dix ans. Il avait aussi l'amour des voyages, et l'on ferait un beau récit de ses voyages en Russie, à Constantinople, en Suède, en Espagne, tous remplis de bonne grâce et d'ironie, et de cette vérité charmante que pas un écrivain ne saurait contrefaire. On trouverait, dans ces pages très-curieuses, telle anecdote écrite sans façon, qui mérite une vraie larme. Au sommet d'une diligence à côté de lui, il y avait une pauvre mère dont l'enfant se mourait de froid et du choléra. Il prit l'enfant et le cacha dans son manteau, et le garda mort jusqu'au lendemain; la mère s'était endormie, accablée de misère et de douleur. Dans son voyage à Bade, il est relancé par une de ces filles à marier, très-élégantes, très-besoigneuses, très-volontaires et très-nobles, qui s'en viennent chercher leur dernière aventure dans ces villes de fêtes et de plaisirs. Du premier coup d'œil il vit venir la demoiselle, et quinze jours durant ce fut entre elle et lui un duel à armes courtoises. Mais la victoire resta au monsieur, sans trop négliger la demoiselle, qui trouva, comme on dit, chaussure à son pied. Elle était princesse, il n'y a pas six semaines, avant la grande brouille de la Prusse et de l'Autriche et l'anéantissement des petits burgraves.

Mais la grande ambition de cet homme excellent

nous allons vous la dire. Il avait réuni dans son hôtel d'Abbeville, par beaucoup de recherches et de dépenses, une collection rare et superbe, assez semblable à la collection Dusommerard avant qu'elle devînt le musée de Cluny. Dans une vaste galerie, on admirait les plus vieux meubles de l'art gothique, les plus délicates créations de la Renaissance. Il y avait des médailles, des portraits, des antiquités celtiques, tout ce qu'on trouve, en le cherchant, pendant quarante années, et M. Boucher de Perthes apprenant la création de l'hôtel de Cluny, offrit, en simple don, sa collection tout entière. Il y avait là dedans toute une fortune. On fut longtemps à répondre à cette magnificence vraiment royale. Il écrivait, pas de réponse, ou bien une réponse évasive. On disait qu'il y avait, dans cet entassement de curiosités, beaucoup trop d'antiquités difficiles, et partant coûteuses à emporter.

« Soit, répondait l'infatigable donateur, je payerai les frais du transport.

— Mais il faudra loger toutes ces choses encombrantes ?

— J'ai de l'argent tout prêt pour faire bâtir de nouvelles galeries ! »

Mais telle est parmi nous l'admiration des salles vides, et l'épouvante de MM. les conservateurs sitôt qu'il faut conserver quelque chose, que depuis tantôt dix années M. Boucher de Perthes en est encore à supplier que l'on veuille bien accepter ce beau musée. On dit qu'il sera plus heureux pour ses antiquités celtiques, et qu'une salle leur est réservée au château de Saint-Germain, sitôt que le château de Saint-Germain sera restauré.

Nous nous arrêtons à regret sur les dernières années de cette honorable existence, et nous comprenons fort bien que l'auteur, en regardant le passé, soit content de lui-même. Il est resté fidèle à tous les grands principes. Il n'a pas trahi une seule amitié. Ce n'est pas celui-là, non certes, qui remplacerait par une satire le cantique de la veille. On ne l'a pas vu dans les antichambres se confondre obscurément, dans son habit brodé, avec les prêteurs de serments. Employé supérieur dans une grande administration, disons mieux, dans un paradoxe immense, accompagné de tant d'injustices inévitables, il a tempéré une autorité sans contrôle, il s'est refusé à des rigueurs injustes. Pas un de ses chefs n'a osé lui demander la destitution d'un honnête employé, pas un n'eût songé à lui proposer le service d'un malhonnête homme. Nous l'avons suivi, comme il n'avait pas dix-sept ans, dans ces grandes cités pleines de vices : Marseille, Gênes, Florence, Venise, Rome, Naples enfin, et il se rend cette justice à lui-même, qu'après cinq ans de ce brillant vagabondage, il rentra dans la maison paternelle comme il en était sorti, sain de corps et le cœur pur. Nous avons souri nous-même de cette innocence en l'admirant. Dans toutes les occasions difficiles, il s'est montré brave, hardi et calme. En 1848, il offrait sa maison à ces princes qui s'en allaient. Un an après, il l'offrait à M. de Lamartine. Il a destitué un brigadier qui s'était refusé au transport d'un cholérique. Il a donné l'exemple énergique du courage civil et de l'abnégation de toutes choses à ces citoyens ingrats qui lui ont refusé leurs voix dans une circonstance importante. Il leur a pardonné tout de suite, et, s'étant guéri de toute espèce d'ambition, il nous raconte une histoire assez gaie : Un zouave était prisonnier des Arabes. Il s'échappe, et quand il revient au camp, « Si je l'avais voulu, ils m'auraient accordé les plus grands honneurs : ils voulaient me nommer bey, me créer pacha, ils parlaient de me faire eunuque..... J'ai tout refusé. »

Le livre est rempli de ces bonnes histoires, et nous les préférons, et de beaucoup, aux longues dissertations sur le silex antédiluvien qui représente l'amusement de ses derniers jours. L'un de ses amis disait à M. Boucher de Perthes :

« J'ai été neuf ans esclave de mon chien, vingt

ans de mes chevaux! Depuis que je me connais, j'obéis à mon chat; je viens de renforcer mon esclavage d'un perroquet plus despote que toutes les bêtes à la fois. »

M. Boucher de Perthes, un peu moins sage et plus esclave, a remplacé toutes ces bêtes volontaires par des paradoxes, des systèmes et des philosophies de toutes espèces. Il était poëte à ses heures, il est devenu un savant, j'ai presque dit : un ergoteur. C'est pourquoi, sitôt qu'il se met à déclamer sur toutes sortes de questions, nous tournons la page et nous allons aux aventures. Il en aura jusqu'à la fin de ses jours ; celle-ci plus charmante que celle-là. Et lorsque enfin, sa retraite ayant sonné bien avant l'heure, il se remet en campagne à la façon de Don Quichotte échappé pour la seconde fois aux filets de sa nièce, aux conseils de son curé, aux bonnes farces de son ami et voisin le barbier Carasco, nous le suivons volontiers dans ses dernières escapades. A Dun-le-Roi, par exemple, où le choléra faisait des siennes. Certes, c'était le cas ou jamais de trouver la ville en plein deuil : maisons mortuaires, hôtelleries lugubres. Fiez-vous y! L'hôtellerie était resplendissante de lumières et de bonne humeur. La cave était à la glace et les fourneaux étaient en feu! *Vingt chambrières, plus jolies, plus agaçantes les unes que les autres,* faisaient les honneurs de cette abbaye de Thélème. On n'entendait que les petits noms de ces demoiselles : Annette ici, Pauline par là, puis Camille, Élisa, la grande Joséphine et la vive Manon. Ça venait, ça se virait, ça trottait menu, ça répondait gentiment, que c'était mieux qu'une consolation, une bénédiction. Cependant on se met à table, et le repas répond à tout le reste. Il y avait là des savants, des académiciens, de grands propriétaires ; il y avait même un prêtre, un de ces Romains que rien n'étonne. Il tenait tête aux plus jeunes officiers le verre en main, et peu s'en fallut, tant la conversation avait tourné court, que le prêtre et l'officier ne terminassent leur querelle à coups d'épée. Heureusement l'escadron volant du *Grand Cerf* (c'était le nom de l'hôtellerie) intervint, et fit si bien que pour plaire à Marton le tonsuré donna la main à l'amoureux de la belle Annette. Enfin l'heure de la retraite ayant sonné, M. l'ex-douanier s'endormit tout d'un somme, et le songe allant de Marton à Joséphine, il advint que sur le minuit, notre homme, endormi, rêva que Lisa la belle, en jupon court, un bougeoir à la main, la dentelle à la cornette et la broderie à ses mules, traversait, retenant son haleine et non pas son sourire, la vaste chambre où dormait notre endormi. Même avant de disparaître, elle lui fit un beau salut...

Hélas! elle a fui comme une ombre, et n'a pas dit : Je reviendrai !

Avec de pareilles visions, nous comprenons fort que M. Boucher de Perthes soit resté l'ami des voyages et des belles voyageuses *élégantes*. Partout il en rencontre, et c'est toujours la même chanson. Nous étions à Londres à la même heure; nous parcourions, sans le savoir, les mêmes sentiers, et pendant que le simple voyageur ne rencontrait pas une seule aventure, le voyageur timoré en faisait lever, comme un chasseur maladroit fait lever des perdreaux vingt-quatre heures avant l'ouverture de la chasse. Or, cette fois, véritablement c'est fini, bien fini : *Nous n'irons plus au bois*, les lauriers *sont coupés;* nous laisserons en paix le voyage et le voyageur, et nous finirons comme lui, quand, l'oreille ouverte et les yeux fermés, il se met à se souvenir de tous les cris politiques qui, de 1788 à 1850, ont tour à tour épouvanté la rue et charmé le carrefour :

1788. — Vive le bon Louis XVI! Vive la reine! Vivent les notables!

1789. — A bas les notables! — Vivent les états généraux!

1790. — A bas les états généraux ! — Vive l'Assemblée nationale! Vive Necker! Vivent les notables patriotes ! Vive d'Orléans ! Vivent les curés!

1791. — A bas la noblesse! A bas le clergé! A bas Necker! — Vive la Constitution! Vive Lafayette! Vive Bailly! Vive le roi constitutionnel!

1792. — A bas le roi Veto! A bas Lafayette! A bas Bailly!

1792 (Juin). — A bas l'Assemblée nationale! — Vive l'Assemblée législative! Vive Pétion! Vive Santerre! Vive Brissot! Vive Dumouriez! Vive la lanterne!

1792 (Août). — A bas la royauté! A bas la Constitution! A bas les Brissotins! A bas Dumouriez! A bas l'Assemblée législative! — Vive la Constitution! Vive la République! Vive Lanjuinais! Vive Vergniaud! Vive Guadet!

1793. — A bas les aristocrates! A bas les riches! A bas les prêtres! A bas le bon Dieu! — Vive Robespierre! Vive Marat! Vivent les Jacobins! Vive la Terreur!

1794. — A bas Vergniaud! A bas les Girondins! A bas les conspirateurs! A bas les modérés! A bas les accapareurs! A bas l'argent! — Vivent les sans-culottes! Vive la Montagne! Vive le Comité de salut public! Vive Robespierre! Vive Barrère! Vive la guillotine! Vive la mort! Vive l'Être suprême! Vive Couthon! Vive le bourreau!

1795. — A bas la Montagne! A bas Robespierre!

A bas Barrère! A bas le Comité de salut public! A bas les terroristes! A bas les sections! A bas les émigrés! — Vive Tallien! Vivent les modérés! Vive l'humanité! Vivent la liberté, l'égalité! Vive le 21 janvier! Vive Quiberon! Vivent les théophilanthropes! Vive la fraternité! — Du pain ou la mort!

1796. — Vive la Constitution de 1795! Vive le 13 vendémiaire! Vive Barras! Vive Bonaparte! Vive le Directoire! Vivent les Cinq-Cents! Vivent les Anciens! Vive le 18 brumaire! Vivent les consuls de la République! Vive le premier consul! Vive le Consulat à vie! Vive le pain!

1798 à 1808. — A bas la République! A bas le Consulat! A bas le Tribunat! A bas la paix! — Vive l'Empereur! Vive l'armée! Vive le Sénat! Vive la conscription! Vive la Légion d'honneur! Vivent les titres! Vive Joséphine!

Une telle nomenclature ne pouvait s'achever d'une seule haleine : respirons donc, et poursuivons notre liste de vociférations.

1809 à 1813. — A bas l'Autriche! A bas l'Espagne! A bas le pape! A bas Joséphine! — Vive Marie-Louise! Vive l'Autriche! Vive le roi de Rome! Vive Joseph! Vive Jérôme! Vive Murat! Vivent les moustaches! Vive la chair à canon! Vive le grand Napoléon!

1814. — A bas le tyran! A bas le roi de Rome! A bas Murat! A bas Joseph! A bas Jérôme! A bas la conscription! A bas le Sénat! A bas l'aigle impériale! A bas Napoléon! — Vive le roi législateur! Vivent les alliés! Vive la Charte! Vive le drapeau blanc! Vive Monsieur! Vive la liberté! Vive la paix!

1815 (mars). — A bas les Bourbons! A bas les royalistes! A bas les alliés! A bas la paix! — Vive Bonaparte! Vivent les braves! Vivent les grognards! Vivent les représentants! Vive le champ de Mai! Vivent les fédérés! Vive Benjamin Constant! Vive Dupin! Vive la Révolution!

1815 (juillet). — A bas le Corse! A bas les représentants! A bas l'armée! A bas les fédérés! A bas la Révolution! Vive Louis le Désiré! Vive l'empereur Alexandre! Vive l'empereur d'Autriche! Vive le roi de Prusse! Vivent les émigrés de Gand! Vive la Restauration! Vive la paix! Vive la religion! Vivent les royalistes!

1816 à 1830. — Vive la Chambre introuvable! A bas la Chambre introuvable! Vive Decazes! A bas Decazes! — Vive la religion! — A bas les missionnaires! Vive la liberté! A bas les jésuites! Vive la garde royale! Vive Villèle! — Vivent les deux cent vingt et un! A bas le ministère! — Vive la légitimité!

1830 (juillet). — A bas Charles X! A bas le Dauphin! A bas le duc de Bordeaux! A bas la légitimité! A bas la garde royale! — Vive la Chambre! Vive Philippe! Vive la souveraineté du peuple! Vive Laffitte! Vive Dupin!

1830 (décembre). — A bas Laffitte! A bas Dupin! A bas Mauguin! — Vive Laffitte! Vive Mauguin! Vivent les Polonais! Vivent les insurgés de tous les pays! Vive la guerre! Vivent les républicains!

1831. — Vive Casimir Périer! Vive Lobau! Vive Soult! Vive la paix! A bas les républicains!

1832. — Vive la République! Vive Lafayette! A bas Louis-Philippe! Vive Louis-Philippe! A bas la République!

1839. — Vive la République! A bas la République!

1848 à 1850. — Vive la réforme! Vive Odilon Barrot! A bas Guizot! A bas le système! A bas Louis-Philippe! Vive la République! Vive le gouvernement provisoire! Vive Lamartine! A bas Lamartine! Vive Ledru-Rollin! Des lampions! des lampions! A bas les communistes! Mort à Cabet! A bas Blanqui! Vive l'Assemblée nationale! A bas l'Assemblée nationale! Vive Barbès! Vive Cabet! Vive Blanqui! A bas Barbès! Vive l'Assemblée nationale! Vive la République! Vive la République démocratique et sociale! Vive Cavaignac! A bas Cavaignac! Vive Louis-Napoléon! Vive l'Empereur! A bas Louis-Napoléon! Vive la guillotine!...

En même temps, il se moque agréablement des fanfreluches, costumes, broderies, torsades et autres agréments dont on n'osait pas rire en 1852. Par exemple, qui se douterait, même après l'avoir admiré de loin, de toutes les précautions qu'exige un simple habit de sénateur en *velours bleu?* vous dira M. Boucher de Perthes. — Mais nous croyons qu'il se trompe, et que l'habit est en drap tout bonnement : — « Broderies en or représentant des palmiers enlacés de chênes. Palmier en *cannelette mate*, dos des palmes en paillettes torsales, feuilles de chêne brodées au *passé*, les *nervures* en paillettes. Baguette composée d'un *guipé* en *cannelette mate*, paillettes *torsadées* d'une rangée de ronds dits *réverbères* et d'un *quipé mat* à l'intérieur, etc. Qui voudra savoir le reste ira le demander au *Bulletin des lois*. Ainsi périt la dernière conquête, ou tout au moins la plus vraie de 1789 : le chapeau sans plumet et l'habit noir. »

Si maintenant M. Boucher de Perthes lui-même, après cette utile, honnête et laborieuse existence, voulait une explication très-nette du peu de bruit qu'ils ont fait ici-bas, lui et ses livres : Cela tient, monsieur, lui dirions-nous, à vos dédains incroyables pour la presse. Elle a toutes les qualités de la sensitive ; elle devine au moindre accident ses amis et ses ennemis. Qui la reconnaît peut compter sur sa sollicitude, et qui la nie est à peu près sûr d'en être oublié. On ne dirait pas, quand on entend cet homme intelligent si mal parler du *quatrième pouvoir* et le maudire, que les plus grands esprits de ce siècle aient exercé cette magistrature illustre. Il ne sait donc pas que M. de Chateaubriand était un *grand journaliste*, c'est un mot de M. Saint-Marc-Girardin ? Il n'a donc jamais entendu parler, pour ne citer que les morts, de ces plumes éloquentes entre toutes : Benjamin Constant, Mme de Staël, les trois Bertin, Hoffmann, Geoffroy, Fiévée, Lacretelle, Michaud, et ce bel esprit, M. Colnet, qui fit passer à l'auteur des *Chants armoricains* un si mauvais quart d'heure ? Il a donc oublié, M. Boucher de Perthes, ces deux héros du courage civil, Armand Carrel, Armand Marrast ! Il n'a donc pas compris l'autorité morale de tant d'écrivains dont le talent seul égalait l'abnégation ! Plus d'un, parmi ces journalistes qu'il accuse avec une âcreté qui n'est pas dans son caractère, a donné de grandes preuves de bon sens, de mérite et de fidélité. Il reproche à celui-ci d'avoir marchandé dans les auberges... il était pauvre ; à celui-là, d'avoir voyagé avec sa maîtresse... il était amoureux. Un autre était malade et plein de fièvre ; il écrit, parlant de sa misère, une page heureuse et pleine d'urbanité : M. Boucher de Perthes appelle celui-là un meurt-de-faim. Ne voilà-t-il pas une belle injure ! Et puis, en note, il déclare que les hommes et les choses ont bien changé depuis les *Chants de l'Armorique*. « Amis, disait Voltaire en parlant de Boileau, ne disons pas de mal de Nicolas, ça porte malheur. » Pour les poëtes, les artistes, les écrivains et les philosophes de ce temps-ci, *Nicolas*, c'est la presse entière. Il y avait naguère un écrivain distingué, un brave soldat, qui ne voulait, de la presse, que ses éloges. A la première critique, il tirait sa grande épée, et, ce qui l'étonnait toujours, il trouvait parmi ces écrivains bourgeois une épée opposée à la sienne. Un vieux journaliste qui le voyait à l'œuvre :

« Monsieur, lui dit-il, quand vous aurez tâté ces braves gens, que vous aurez tué celui-ci ou que celui-là vous aura porté un coup raide asséné, ils finiront, les uns et les autres, par ne plus parler de vous. »

Ce qui fut dit fut fait; l'homme à la grande épée est mort comme il avait vécu, dans un grand silence, et c'est à peine si l'on a dit qu'il était mort.

BICÊTRE ÉVENTRÉ

BICÊTRE ÉVENTRE

I

Nous touchions aux vacances judiciaires. En ma qualité, toute nouvelle, de procureur du roi, je venais de passer toute une année au milieu des plus grands obstacles. De longues et cruelles assises avaient mis à de rudes épreuves ma conscience et mon éloquence, et j'étais encore épouvanté d'une accusation soutenue avec acharnement contre une jeune femme innocente et belle qui, grâce à moi, eût porté sa tête sur l'échafaud, si la voix d'un juré, homme austère et sérieux, n'eût emporté l'absolution de cette infortunée. Acquittée, elle se leva de son banc de misère en adressant, tout bas, une prière au Christ, dont l'image était là présente; enfin, du Christ sauveur, elle reporta sur moi, qui l'avais accusée, un regard si rempli de tristesse et de pardon que j'en fus ému jusqu'au fond de l'âme. Elle avait trente ans, j'en avais trente-cinq, et quand elle quitta le tribunal au milieu des félicitations muettes, il me sembla que j'étais l'accusé, disons mieux, le coupable. En ce moment j'aurais voulu me prosterner aux pieds de cette femme en implorant mon pardon. Ces sortes d'accidents qui traversent parfois la vie austère d'un magistrat le remplissent d'une épouvante salutaire; ils lui apprennent à douter de lui-même, à chercher les preuves, à croire à l'innocence, à ne point condamner sans une certitude absolue. Ils lui enseignent surtout la modestie. On a tant besoin d'être modeste sur ces hauteurs formidables, quand on tient dans ses mains la fortune et l'honneur, la vie et la mort de tant de malheureux!

J'étais resté sous le coup de cette disgrâce, et je fuyais le monde, en songeant au remords qui m'attendait si l'innocence de l'accusée eût éclaté à l'heure même où mon crime eût été sans remède, lorsque je reçus, au timbre de Bicêtre, une lettre adressée à M. Maurice Duvernoy, procureur du roi à la cour royale de ***. La lettre était écrite par l'un de mes anciens professeurs du collége de Louis-le-Grand, M. Chaumier, qui m'avait témoigné, quand j'étais encore en rhétorique, une tendresse toute paternelle, dont j'avais gardé un bon souvenir. Démissionnaire en 1830 pour refus de serment, j'avais rencontré M. Chaumier à plusieurs reprises, gai, besoigneux et cherchant un emploi qu'il trouvait bien rarement. C'était un bel esprit assez futile, assez savant; bon humaniste et philosophe médiocre. Il ne jurait que par Épicure; il manquait de la plus simple prudence, et, trop facilement, il était tombé dans les petits sentiers qu'il avait rencontrés sur sa route :

« Ah! me dis-je, il est à Bicêtre! Il était sur le chemin; mais c'est arriver trop vite en ces lieux maudits. Le pauvre homme, il n'a pas soixante-dix ans ! »

J'ai gardé cette lettre, et la voici :

« Mon cher enfant! j'ai lu dans la *Gazette des Tribunaux* votre acte d'accusation contre Mme veuve Bréhaut. On est de sang-froid quand on a mon âge et qu'on se trouve à Bicêtre. Eh bien, je vous dirai que j'ai déploré tant d'éloquence et de talent que vous avez dépensés dans une cause injuste. O mon cher Maurice ! assez souvent vous m'avez grondé, me trouvant, disiez-vous, trop jeune et trop abandonné au hasard; moi, de mon côté, je vous reprochais d'être un sage avant l'heure, et de manquer de cette charité prudente, éloignée également de la prévention et de l'injustice. Si j'étais trop jeune, vous étiez trop vite un homme de l'âge mûr. Mme Bréhaut, votre accusée, a cruellement ressenti le poids de votre sagesse prématurée. A la fin, Dieu soit loué! la vérité s'est faite; où vous cherchiez une empoisonneuse, un monstre, on n'a trouvé qu'une jeune femme épouse d'un vieillard précoce qui dissimulait les maladies de sa débauche. Elle serait morte plutôt que d'accuser celui dont elle portait le nom. Pleurez, Maurice, et repentez-vous. Le roi-prophète disait très-bien : *Opera mea omnia verebar* (j'étais inquiet de mes moindres actions).

« Mais je vous connais, je sais toutes les grâces de votre cœur, toutes les bontés de votre esprit. A l'heure où j'écris, vous voilà plongé dans un grand repentir. C'est pourquoi je m'arrête, et vous trouvant, mon cher enfant, si tendre à cette heure et si clément, je vous prie en grâce d'épargner votre ancien maître. Il implore en ce moment votre miséricorde. Après avoir mené une vie obéissante à toutes les passions, le voilà dignement châtié. Il est vieux, il est pauvre, il est à Bicêtre, en un mot dans la condition la plus misérable. Ayez pitié de lui. Il ne vous dira pas comment donc il est tombé dans ces abîmes. Ami d'Horace, enfant d'Épicure, il a trop aimé Lydie et Barine, et... Il ne s'est pas assez méfié des coupes généreuses, et le voilà, maintenant, sans autre ami que vous-même, et sans autre protection, vous priant et vous suppliant de l'aider à bien mourir.

« Entendons-nous. Un pauvre homme, à Bicêtre, est bien près d'être un riche. Il lui faut très-peu pour ne manquer de rien. Il me reste une pension suffisante aux petits besoins de chaque jour. Tout ce que je veux, mon enfant, c'est un peu de tendresse et d'amitié.

« Voici l'heure où Paris vous appelle, et l'heure où je vous attends. Venez me voir dans cet ancien palais du roi d'Angleterre et de France. Ici, nous n'avons plus de nom, nous ne sommes plus quelqu'un. Ici s'arrête, ô malheur! même le bruit de la gloire, et ce brillant rhéteur que vous avez connu attirant autour de sa chaire éloquente une jeunesse enthousiaste (oh! les beaux regards tournés sur moi, vous expliquant Lucrèce ou Tacite, je les vois encore!) il n'est plus que le numéro d'hôpital 340.

« Ainsi, je vous attends, un dimanche, un jeudi. Les autres jours le numéro 340 ne pourrait pas vous recevoir.

« Apportez-moi, je vous prie, une tabatière un peu jolie, un Horace facile à lire. Autrefois, j'ai possédé l'Horace de Mirabeau, de l'édition 1672.

Mirabeau lui-même avait écrit son nom, avec ce vers qu'il a souvent cité :

In nos tota ruens Venus

« Ce bel exemplaire était en maroquin rouge, aux armes de Mirabeau. Je vous l'avais destiné; je l'ai vendu à M. Labitte pour soixante francs, et un Horace Couret de Villeneuve. Avec ces trois louis, j'ai donné à souper à Lalagé chez les Frères Provençaux. »

Il y avait en *P. S.* :

« Apportez-moi aussi, mon cher enfant, mais bien enveloppée, une *Imitation de Jésus-Christ*... Ignorant ou savant, c'est toujours par là qu'il faut finir.

II

Six semaines s'étaient écoulées depuis la lettre de mon vieux maître, et, sitôt que je fus à Paris, je me dirigeai vers Bicêtre, un dimanche, heureux d'apporter à ce doux vieillard mes amitiés consolantes. Après une heure de marche, à la fin j'arrive en ce vieux Bicêtre, et, sans difficulté, la porte est ouverte à mon empressement. On sonnait le dernier coup de la messe, et j'entrai dans la chapelle, espérant que je rencontrerais, au milieu de tant de misérables, ce vieux pénitent, ce vieil ami d'Horace, revenu à l'*Imitation de Jésus-Christ*. Chose étonnante, en ce lieu de prière, le seul où l'espérance ait conservé son entrée, la chapelle était à peu près vide ; à peine on y voyait quelques vieillards, tous courbés sous le poids du malheur. Ils priaient en silence, et ces faibles voix répondaient doucement au prêtre à l'autel. Ce prêtre était un jeune homme, et sa jeunesse et ses cheveux noirs, ses yeux tout remplis d'un feu mouillé, ses belles mains, trop vaillantes pour la bénédiction, faisaient un contraste étrange avec les caducités d'alentour. Je m'agenouillai au milieu de l'église, à la façon d'un croyant, et je m'unis, de toute mon âme, au saint sacrifice. A la fin je fus aperçu du jeune prêtre, et nos deux âmes s'entendirent dans une commune effusion de pitié, de charité.

Il fit à ces malheureux une exhortation très-simple et toute paternelle. Il leur dit qu'il s'agissait maintenant de bien mourir, de mourir en bon chrétien, et qu'ils retrouveraient là-haut leur patrie, avec leur famille.

« Hélas ! disait-il, vos enfants sont morts, vous avez perdu vos épouses, vos amis vous ont précédés dans le tombeau, Dieu seul vous reste, et pour que rien ne manque aux terribles leçons qu'il vous réservait ici-bas, il vous donne un dernier asile en ces tristes murailles, où le crime, et la fièvre, et la folie, et toutes les misères que peuvent contenir le cachot et l'hôpital, ont posé leur domination. Ainsi, mes frères, courbez-vous sous la main de Dieu : elle frappe, elle pardonne ; elle ouvre en même temps les portes de l'hôpital et les portes du ciel. »

Voilà comme il parlait, s'élevant, sans le savoir, sans le vouloir peut-être, à la plus extrême éloquence. Il finit en disant qu'il allait prier pour ceux que la mort avait frappés la semaine dernière et qui n'avaient pas eu la consolation de voir à leur chevet l'ami qu'ils avaient attendu.

Il me semblait que, disant ces mots, le jeune prêtre avait les yeux fixés sur moi. La messe étant achevée, et ces vieillards s'étant retirés d'un pas chancelant, j'entrai dans la sacristie, où le jeune aumônier m'attendait à son prie-Dieu. Il se leva, et m'offrant un siége :

« Vous êtes, me dit-il, M. Maurice Duvernoy, l'ami du bonhomme Chaumier, mort il y a huit jours ? »

Et, comme il vit sur mon visage un certain étonnement :

« J'ai bien dit, monsieur, le bonhomme. Il était de ces esprits faibles qui se vantent même dans le confessionnal, et qui grossissent leurs péchés par orgueil. Ils veulent à tout prix commettre un péché mortel; le péché véniel leur ferait grande honte. Ainsi votre humaniste et votre épicurien, il faisait de deux ou trois gourgandines des Galathées et des Amaryllis. Pour quelques verres de mauvais vin, il s'appelait un enfant d'Épicure; il se comparait aux poëtes lyriques, pour une douzaine de mauvaises chansons. Cent écus de dettes qu'il pouvait avoir, le voilà qui se compare à Jules César, qui devait vingt millions à vingt ans. Ah la petite espèce et les innocents pécheurs! Tel était votre ami, plein de petites vanités, de petits vices, victime innocente de petits malheurs. Sa dernière gouvernante lui avait volé ses meubles; on eût dit, à l'entendre, qu'il avait perdu Memphis ou Persépolis. Respectons cependant ces pauvres d'esprit; ils se repentent d'un si vrai repentir! la grâce a si bon marché de leur résistance! Il est écrit que le royaume des cieux leur appartient. »

Puis, d'une voix plus simple, il reprit :

– « Pardon, monsieur. Sitôt que l'on est en chaire, il faut plus de temps qu'on ne pense pour en descendre. Un instant avant sa mort, M. Chaumier parlait encore de son ami Maurice ; il me parlait de vos rares talents et de vos fortes vertus.

Il affirmait que vous ne manqueriez pas à son dernier rendez-vous; mais, comme il ne croyait guère que sa fin fût si prochaine, il vous avait laissé toute latitude. Ainsi, c'est sa faute, et non pas la vôtre, si vous venez trop tard.

« Quant à moi, fidèle à ses intentions, et parfaitement sûr, de mon côté, que vous seriez obéissant jusqu'à la fin à cet ami de vos jeunes années, j'ai cru remplir vos intentions en lui faisant une tombe à part. Même il m'a dit (pardon, monsieur) que vous me donneriez, comme un souvenir de son passage ici-bas, une petite *Imitation de Jésus-Christ*. »

A ces mots, on vint avertir le jeune prêtre que le numéro 1200 demandait sa bénédiction. Il prit le livre que je lui offrais, et me quitta en me disant : « Au revoir. »

III

Au sortir de la chapelle, et cherchant à m'orienter dans cet immense espace, il me sembla que j'étais suivi par une espèce d'enfant de chœur de chétive apparence. Il avait servi la messe au jeune aumônier; il avait rangé dans leur armoire les ornements sacerdotaux, et, pendant que nous causions, il était entré et sorti sans qu'on y prît garde. Il était donc tout naturel qu'il m'accostât pour m'offrir ses services dans ce labyrinthe de ruelles et de maisons. Justement, comme je voulais m'acquitter pour le tombeau de mon cher maître, je priai ce jeune homme de me conduire chez le receveur des pompes funèbres. Il passa devant moi sans mot dire, et me conduisit, en toute hâte, à l'extrémité de cette horrible enceinte, en un lieu où tout était ruines et confusion. Ce n'étaient que murailles reversées, grilles et barreaux démolis, verroux jetés à terre, un fragment de prison. En ce moment, je me souvins qu'un récent arrêt de M. le garde des sceaux avait supprimé la prison de Bicêtre. Une loi plus clémente défendait que le crime et la misère fussent plus longtemps enfermés et confondus dans la même enceinte. A l'avenir, les repris de justice réservés aux galères ou à l'échafaud, dont les demeures étaient sous la terre que voici, seraient enfermés dans les nouvelles prisons de la Roquette. Mon guide, obéissant à l'instinct qui le poussait, m'avait conduit sur l'emplacement des anciens cachots de Bicêtre, soit qu'il eût mal compris l'indication que je lui demandais, ou qu'il eût obéi à sa coutume de cicérone. Je restai quelque temps à contempler ces pierres funèbres, ce Bicêtre éventré, ces lieux sombres et silencieux, où bientôt la lumière entrerait avec les bruits de la vie humaine. En même temps, j'entendais sortir des entrailles de cette terre homicide une suite de lamentations qui m'appelaient, et qui me provoquaient. J'étais un juge, en fin de compte, et j'appartenais à cette race à part qui commande aux chaînes, aux carcans, aux cachots. J'avais déjà visité, c'était mon devoir, bien des prisons de nos provinces ; mais la plus sombre avait un aspect riant, comparée à ces monceaux sans forme et sans nom.

« Voilà donc, me disais-je, une belle occasion de visiter ces fameux cachots de Bicêtre ; un peu de courage, et tu seras le dernier des humains qui sera descendu dans ce Ténare. On eût dit que mon guide entendait ces discours que je me tenais à moi-même, et, par un escalier chancelant, il me fit signe de le suivre. La rampe de l'escalier était enlevée ; il fallait, si l'on voulait éviter les faux pas, s'appuyer contre la muraille : elle était abjecte et suintante. Au bas de l'escalier, qui se composait d'une trentaine de marches, s'ouvrait un cachot sans issue, disons mieux, une longue fosse creusée sous terre, et dans cette fosse à triple verroux, qu'on appelait le *cachot noir*, les prisonniers rebelles au règlement étaient jetés sur la terre humide et nue. Ils y restaient souvent trois jours, jamais plus. Et pendant que du seuil mon regard cherchait à se reconnaître en ces ténèbres sans fin, mon guide, avec un sourire inexplicable, m'invitait à pénétrer dans ce tombeau.

Je ne sais quelle épouvante m'arrêta. Je me rejetai en arrière, et j'allais remonter par cet escalier funeste, lorsqu'à ma gauche apparut un long corridor, très-éclairé par des meurtrières, le jour venant d'une cour supérieure et tombant sur une trentaine de portes ouvertes. Chaque porte était celle d'un cachot. Lorsque naguère ces abominables cellules étaient habitées par ces grands criminels dont le nom reste à jamais fameux dans les annales de nos cours d'assises, les gardiens et les sentinelles se promenaient incessamment, la nuit et le jour, devant ces guichets, interrogeant le silence et le bruit de ces espèces de bêtes féroces. Sur chaque porte s'ouvrait un guichet; par ce guichet, passait la lumière. Ah! ces cachots étaient affreux à voir, même ouverts, même abandonnés, sans larmes, sans soupirs, sans épouvante. On comprenait les angoisses, les pâleurs, les remords parfois, que ces enfers avaient pu contenir. Ces quatre murailles vides semblaient regretter leur proie, et ces portes ouvertes se demandaient si le crime était mort ! Éperdu dans ces confuses images, j'allais et je venais d'un bout à l'autre de cette immonde galerie, et je me faisais redire les noms des brigands qui avaient passé par là, quand la chiourme ou le bourreau les venait prendre. A tel point j'étais fasciné, que moi-même, le moi qui tout à l'heure avait reculé, saisi d'une juste horreur, je voulus entrer dans la dernière demeure d'un scélérat fameux, qui tenait, de la même main, la plume et le couteau, grand faiseur d'élégies et d'homicides. Mon guide, à ces mots, changeant de pensée, sembla s'opposer à cette résolution téméraire. Il me dit que la chose était défendue et n'était permise qu'aux magistrats. Je répondis que j'étais magistrat. J'entrai donc... Au même instant, d'une main violente, il referma la porte, et, tirant les deux verroux, il s'éloigna en riant aux éclats.

IV

C'en était fait, j'étais *bouclé*, pour parler l'argot de la prison. J'étais vraiment dans le cachot d'un condamné à mort. Par la lucarne entr'ouverte, j'étudiais ces sombres murailles. Dans un coin, sur un lit de briques, était étendue une dalle qu'on eût dit empruntée au cimetière de Clamart ; dans le coin opposé, le trou aux immondices. Au bout de quatre ou cinq minutes, je me sentis mal à l'aise, et déjà mes genoux tremblaient sous moi ; mais tout d'abord, j'opposai un grand courage à cet accident imprévù. Sans me rendre un compte exact du caprice et des rires de l'homme étrange qui m'avait amené là, je me disais : « C'est bien fait ! tu apprendras par toi-même les misères du *secret*, et qu'il ne faut pas jouer avec ces longs tourments qui précèdent l'échafaud. » Une heure ainsi se passa, et, malgré toutes mes répugnances, je fus forcé de m'asseoir sur ce lit de pierre où s'étaient étendus de si grands coupables. Même, on voyait encore sur la muraille la trace de ces têtes que le fer avait tranchées. Deux heures plus tard, je sentais monter la fièvre à mon front. Ce malaise était insupportable, et quand j'entendis revenir, en chantant, l'ennemi sans nom qui m'avait jeté dans ces piéges, ma fureur ne connut plus de borne. Je l'aurais tenu dans mes bras, je l'aurais étouffé comme un reptile. Il s'aprochait, en sautillant, de cette porte qu'il avait fermée, et, déjà, il m'avait débouclé d'un verrou, quand, par une imprudence inexcusable, et l'écume à la lèvre :

« O misérable ! » m'écriai-je en secouant cette porte doublée de fer.

Lui, cependant, il repoussait le premier verrou dans sa rainure.

« Ah! dit-il, je suis un misérable! »

Et du même geste il ferma le guichet par lequel tombait le jour. Il tira également le verrou de ce guichet, et il s'en fut en chantant :

> Bocage que l'aurore
> Embellit de ses fleurs.

A n'en pas douter cette fois, cet homme était fou. Sa folie était calme, et c'est pourquoi l'aumônier de la prison le laissait aller et venir. Malheureux que je suis! j'appartiens à un insensé, je suis sa chose; il peut, selon son caprice ou sa folie, à son gré, me retenir dans cette captivité, sans gardien, sans geôlier, sans espérance. Au moins, *le condamné*, dans sa nuit suprême, est assuré que quelqu'un le viendra réveiller demain, au point du jour. Mais qui pourrait se douter que moi, l'homme sensé, j'aie voulu affronter ces peines terribles? Et maintenant qui peut me venir en aide, enfoui que je suis, par ma propre volonté, dans ces ténèbres fétides? Tout à l'heure encore étais-je assez libre au milieu des plus riantes images! un beau ciel, de vieux arbres, des oiseaux qui chantaient, les fruits de la terre et ses fleurs, les douceurs de l'amitié, la tendresse paternelle et

l'amour filial, toutes les ambitions permises...
A peine entré dans ce château de malheur, je n'ai
plus rencontré que la vieillesse, et la fièvre, et la
honte, et, pour finir toute chose..., un tombeau.
Telles étaient les amères réflexions dont mon âme
était agitée. Elle se calma peu à peu. Je me rassurai en songeant que demain, peut-être, à la reprise des travaux, reviendraient les maçons et les
architectes pour achever leur tâche, ou bien des
curieux, des philanthropes, des romanciers, des
chercheurs d'émotions. Peut-être aussi que le fou
parlera, et si le concierge enfin comparait le nombre des étrangers entrés ce jour-là dans Bicêtre
avec les sortants, voilà bien des chances de salut!
Allons, courage. Attendons, espérons, prions Dieu,
et que ces rudes heures me comptent en expiation
des trois mois de prison subis par Mme Bréhaut.

Cette fois je m'installai, pour tout de bon, sur
le lit de pierre, et je rencontrai, à mes pieds, à
mon chevet, l'anneau de fer qui fixait là les tristes habitants de ces demeures. Je sentais tourner
autour de moi la voûte et la muraille, et, pour ne
pas perdre, à mon tour, la raison qui s'en allait,
je me récitais les plus beaux vers de Corneille, ou
bien je me racontais certaines histoires de quelques
âmes vraiment héroïques : comment Mahomet,
roi de Séville, et sur le point de mourir, envoyait

un officier dans la prison de son frère, avec ordre de le mettre à mort. Le frère jouait aux échecs ; il pria qu'on attendît la fin de la partie; elle fut longue; il la gagna. Le tyran, dans l'intervalle, était mort, et le nouveau sultan passa du cachot sur le trône.

Une autre histoire que je me racontais, c'était M. de Crillon, commandant une place forte. Une nuit, Crillon dormait profondément. Ses jeunes officiers, conduits par le chevalier de Guise :

« Alerte! alerte! la citadelle est à l'ennemi; sauvons-nous! »

Crillon se lève, il prend son épée, il descend d'un pas ferme, et quand il entend ces jeunes gens lui déclarer qu'ils ont voulu s'assurer de son courage :

« Holà! dit-il, messieurs, par la mort-Dieu, ne vous jouez jamais à sonder le cœur d'un homme de bien, car, si j'avais pâli devant vous, je vous aurais fait fusiller!

Et moi aussi je sondais mon cœur, et je voyais bien que ces histoires profanes m'étaient d'une médiocre allégeance. Heureusement la prière vint à mon aide; elle est plus forte que tous les vers des plus grands poëtes et que tous les exemples des moralistes. Enfin, qui l'eût dit? en cette nuit profonde, ignorant des heures qui s'écoulaient, je finis par m'endormir. Mais quel funeste sommeil! Autour de ma tête endolorie allaient et venaient quantité de fantômes et de lemures chantant des chansons obscènes et riant d'un rire infernal. C'était comme un pandémonium des plus détestables exécrations. Ils s'étaient donné rendez-vous dans mon cachot, ces géants du crime, et, pour la dernière fois, ils revenaient dans leurs gémonies. Lacenaire, aux pieds des courtisanes fardées, récitait ses élégies. Son camarade Avril aiguisait son poignard. Le docteur Castaing distillait ses poisons. Papavoine attirait à lui les petits enfants qui se promènent sous les arbres de Vincennes et les étouffait sous les yeux de leur mère. Un abominable déclamateur, le marquis de Sade, honte et souillure de Bicêtre, écrivait des livres tels que l'enfer n'en saurait produire. Il y avait un ogre appelé Charlot; il tenait un os à sa gueule et dévorait les chairs de la petite bergère d'Ivry qu'il avait violée. Ils riaient, ils criaient, ils défiaient la terre, ils accusaient le ciel. Une goule qui avait tué ses deux maris, m'enlaçant de ses bras hideux, posa sur mes lèvres ses lèvres fétides, pendant que les régicides à l'œil fauve hurlaient des menaces sans nom. Alors, plein de fièvre et couvert d'une sueur froide, haletant et râlant, je m'éveillai.

Était-ce encore une illusion? Il me sembla que

tout au bout du long corridor, j'entendais des pas
et des voix. C'est certain. Le bruit approche. Une
voix claire est mêlée à des voix plus graves. Bonté
du ciel! ils s'arrêtent juste à mon cachot.

« Que veut dire ce cachot fermé? disait le nouveau visiteur.

— Allons-nous-en, s'écriait le fou : ici Lacenaire est renfermé.

— Que dites-vous? reprenait la voix jeune et
fraîche, avec un accent de pitié, Lacenaire est
mort. »

Alors moi, qui tremblais que l'oiseau bleu ne
s'envolât :

« Qui que vous soyez, madame ou mademoiselle, ayez pitié d'un homme enfermé là par hasard. Voilà bien longtemps que je suis plongé dans
ces ténèbres effroyables. Encore quelques minutes,
et je suis mort!

— N'entrez pas!... n'entrez pas!... disait le
fou.

— Prends garde, Hortense! reprenait la voix
virile; il vaudrait mieux consulter ton oncle.

— Oh! non! reprenait la jeune fille, à mes risques et périls, je le délivre! »

Et pendant que sa petite main tirait les deux
verroux :

« Sur mon honneur! me disais-je, elle sera

ma femme, ou bien je ne me marierai jamais!... »

A la fin donc la porte était ouverte, et je restai comme ébloui du courage et de la beauté de cette enfant de la délivrance.

Elle m'a dit plus tard que j'étais d'un aspect effrayant. Mes dents se heurtaient, mes cheveux étaient hérissés, mes yeux étaient rougis par les larmes, mes mains tremblaient.

Tel était Dante au sortir des cercles infernaux.

Il fallut me soutenir quand je quittai cet antre de Trophonius. La jeune fille avait pris ma main et m'entraînait, légère et charmante comme l'Eurydice antique. Son père, inquiet, avait peine à nous suivre. La terreur nous donnait des ailes.

Et lorsque enfin nous eûmes franchi ces marches suintantes de larmes et de sang qui tremblaient sous nos pas, au moment où le soleil qui s'en va jette au loin ses plus douces clartés, nous rencontrâmes, éperdu, le jeune aumônier de Bicêtre :

« Ah! voilà mon oncle! s'écriait la jeune fille.

— Ah! malheureuse enfant! s'écriait le jeune homme, que d'alarmes tu m'as causées! Suivre un fou à pareille heure dans ces abîmes croûlants de toutes parts! »

Il cessa de parler sous la terreur d'un grand bruit dont l'écho lugubre, arrivé jusqu'à nous,

nous apprit que ces voûtes funèbres venaient de crouler.

Trois mois après, je racontais mon serment à l'abbé Constant.

« Voilà, dit-il avec son doux sourire, un serment qu'il faut tenir. Par votre ami Chaumier, je vous connais depuis longtemps. Mariez-vous, j'y consens; mon frère n'y fera pas obstacle, et je suis presque sûr que ma nièce vous aidera. »

TABLE

	Pages.
Le Revenant	3
La Mi-Carême d'un convalescent	111
La Douane et l'Amour	187
Bicêtre éventré	297

A LA MÊME LIBRAIRIE

ŒUVRES DE MME D'ÉPINAY

Avec préface par M. CHALLEMEL-LACOUR

Tome Ier : *Lettres à mon Fils*
Tome IIe : *Mes Moments heureux*

2 volumes in-12, imprimés sur vergé par Jouaust

PRIX : 10 FRANCS

SAINT-ÉVREMOND

ÉTUDE HISTORIQUE, MORALE ET LITTÉRAIRE

PAR GUSTAVE MERLET

Suivie d'un Extrait de ses Œuvres poétiques et littéraires

1 vol. in-18, imprimé chez Jouaust

PRIX : 3 FR. 50

EXEMPLAIRES SUR VERGÉ DE HOLLANDE : 6 FR.

Imprimerie Jouaust, rue Saint-Honoré, 338.

www.ingramcontent.com/pod-product-compliance
Lightning Source LLC
Chambersburg PA
CBHW062008180426
43199CB00033B/1523